التدريس

مبادئ، مفاهيم، طرائق

التدريس

مبادئ، مفاهيم، طرائق

تأليف

فوزي أحمد حمدان سمارة

ماجستير مناهج وطرائق تدريس

الطريق للتوزيع والنشر

2008م - 1429هـ

المحتويات

الموضوع	الصفحة
المقدمة	15
الوحدة الأولى- مفاهيم التدريس	17
المقدمة	19
طريقة التدريس	20
أسس اختيار طريقة التدريس..............................	20
أهداف طرائق التدريس	23
القواعد الأساسية التي تبني عليها قواعد التدريس.........	26
مواصفات طرائق التدريس الناجحة	27
الأصول العامة في التدريس	29
مهارات التدريس	31
أهمية التخطيط	32
عناصر الخطة	33
الكفايات التدريسية	45
التعلم الفعال	49
الدوار المتغير للمعلم	51
الممارسات التي يقوم به المعلم وفقاً لهذه الأدوار	52
المسؤوليات الجديدة للمعلم	52

الوحدة الثانية- الأهداف التعليمية 55

الأهداف التعليمية- المقدمة 57

مصادر الأهداف التربوية 58

الهدف التعليمي 58

خصائص الهدف السلوكي 59

تصنيف الأهداف السلوكية 59

الأهداف المعرفية 59

الأهداف النفسحركية 62

الأهداف الوجدانية (الانفعالية) 63

الوحدة الثالثة- الوسائل التعليمية 65

الوسائل التعليمية- المقدمة 67

فوائد الوسائل التعليمية 68

أهمية استخدام الوسائل التعليمية في التعليم 68

أنواع الوسائل التعليمية 69

شروط الوسائل التعليمية 70

إرشادات عند اختيار الوسيلة المناسبة 71

خطوات استخدام الوسيلة التعليمية 72

أثناء الحصة الصفية 73

بعد الانتهاء من عرضها 73

الوحدة الرابعة- التربية الإسلامية 75

أهداف التربية الإسلامية 77

أنواع الأهداف التربوية 77

الأهداف الفردية العامة 78

الأهداف الاجتماعية العامة 79

الأهداف التربوية المهنية 79

طرائق وأساليب التربية الإسلامية 80

الأساليب التي تتبعها التربية الإسلامية 80

التربية بالقدوة 81

التربية بالموعظة الحسنة 81

أسلوب المحاورة والمناقشة 82

جماعة الرفاق 82

أسلوب الترغيب والترهيب 83

أسلوب المعرفة النظرية 83

أسلوب الممارسة العملية 83

أغراض التربية الإسلامية 84

خصائص التربية الإسلامية 85

طرائق التدريس في الإسلام 87
المبادئ التي تستند إليها طرائق التدريس 87
أشكال المدرسة العربية الإسلامية 89
آداب المعلم في نظر التربية الإسلامية 90
المربي المسلم 91
أخلاق الطالب المسلم 97
الوحدة الخامسة- الإدارة الصفية 99
المقدمة 101
أهمية الإدارة الصفية 102
دور المعلم قديماً وحديثاً في إدارة الصف 103
المعلم قديماً 103
المعلم حديثاً 103
أسباب المشكلات الصفية 105
مشكلات تنجم عن المعلم 106
مشكلات تنجم عن سلوك الطالب 108
المشكلات الناجمة عن الأنظمة والمثيرات الصفية 109
الوحدة السادسة- طرائق التدريس المختلفة 111
طريقة المحاضرة 113

مميزاتها	113
عيوبها	113
الأهداف الرئيسية لطريقة المحاضرة	114
أثر تحديد موضوع المحاضرة	114
كيفية إثارة اهتمام المتعلمين بالمحاضرة	115
كيفية تقديم المحاضرة	115
صفات المحاضر الناجح	116
المهارات الأساسية للمحاضر	116
كيف تعمل على انجاح المحاضرة	117
الإلقاء	118
طريقة الإلقاء	118
ميزاتها	118
عيوبها	119
الأسس التربوية لطريقة الإلقاء	120
طريقة المناقشة	121
الميزات	121
العيوب	122
مسؤولية المعلم التنفيذية	122
طريقة القصة	123

ميزاتها	123
فوائدها	123
طريقة حل المشكلات	125
خطوات طريقة حل المشكلات	125
ميزات استخدام طريقة حل المشكلات	125
عيوبها	126
الأمور التي يجب أن يراعيها المعلم	126
دور الطلبة (دور المجموعات)	127
طريقة التدريس باستخدام المجموعات	128
الكفايات الواجب توافرها عند المعلم	129
أدوار المعلم	129
العوامل المساعدة علة تنفيذ طريق المجموعات	129
الاستقصاء	131
ميزاتها	131
شروطها	131
خطوات إجراء المهارات العلمية	132
1. طرح الأسئلة	132
2. الملاحظة	133
3. التنبؤ	133

4. صناعة الفرضيات 133
تنفيذ الطريقة 133
تفريد التعليم (التعليم الذاتي) 134
صور التعليم المفرد 134
1. صحائف الأعمال 134
2. دليل التعلم 134
3. البطاقات التعليمية 135
مزايا تفريد التعليم (التعليم المفرد) 136
لعب الأدوار 137
أهداف لعب الأدوار 137
مجالات لعب الأدوار 137
عوامل نجاح المعلم 138
أسلوب التعليم المبرمج 139
مبادئ التعليم المبرمج 139
شروط نجاح الأسلوب 140
مشكلات التعليم المبرمج 141
مزايا التعليم المبرمج 141
أسلوب التكامل والترابط 142
مجالات استخدام التكامل والترابط 142

1. معلم الصف 142
2. معلم المادة ذات الفروع المتعددة 143
شروط الأسلوب التكاملي 144
أهداف أسلوب التكامل والترابط 144
مزايا أسلوب التكامل والترابط 145
التعليم بواسطة الحاسوب 146
أهمية استخدام الحاسوب في التعليم 147
الوحدة السابعة- التقويم 151
التقويم – المقدمة 153
أغراض التقويم 153
وسائل التقويم 159
تقسيم الاختبارات التحريرية حسب شكل الاختبار 155
اختبارات المقال 155
الإمتحانات الموضوعية 157
ميزاتها 157
عيوبها 157
أنواع الأسئلة الموضوعية 158
أهداف الاختبار 163

صفات الاختبار الجيد 163

خطوات إعداد اختبار تحصيلي 164

كيفية إعداد جدول المواصفات 165

جدول المواصفات 166

المراجع والمصادر 168

المقدمة

إن للتدريس أهمية قصوى في حياة الشعوب والأمم، على مختلف العصور والأزمنة، والقراءة والكتابة أمران لا غنى لأي إنسان عنهما، ولذلك كانت أول آية نزلت على نبي الهدى ورسول الرحمة محمد صلى الله عليه وسلم- هي إقرأ، وقد أطلق اسم سورة من سورة من سور القرآن الكريم على أحد أدوات الكتابة ألا وهو (القلم) قال تعالى:"نون والقلم وما يسطرون" وقد أكد الرسول صلى الله عليه وسلم- على أهمية القراءة والكتابة عندما جعل فدية الأسرى يوم بدر تعليم عشرة صبية من صبيان المسلمين القراءة والكتابة.

ولما كان لا بد من وسائل لنقل المعارف والمعلومات والمهارات كان التدريس إحدى هذه الوسائل، فقد ارتأيت أن أقوم بتأليف هذا الكتاب لأضعه بين يدي زملائي المعلمين راجياً أن يجدوا فيه المفيد لهم، والمعين في مهنتهم الكريمة والنبيلة، ولا أقول بأنه الكتاب الأول من نوعه في هذا المضمار، ولكنه مختصر مفيد لما يهم كل غيور على مهنة التدريس.

لقد قسم الكتاب إلى سبع وحدات: الوحدة الأولى استعرضت مفاهيم عن التدريس ومصطلحاته ومبادئه، أما الوحدة الثانية فتناولت الحديث عن الأهداف التعليمية وأهميتها وتصنفيها إلى أهداف عامة وأخرى خاصة كما تضمنت تصنيف الأهداف السلوكية، الوحدة الثالثة: تناولت الوسائل السمعية ميزاتها وخصائصها وفوائدها واستخدامها أما الوحدة الرابعة فتحدثت بها عن التربية الإسلامية وطرائق الإسلامية وطرائق التدريس في الإسلام، وأخلاقيات كل من المعلم والطالب، أما الوحدة الخامسة: فأفردت للحديث عن الإدارة الصفية وتوفير المناخ الصفي الملائم لعملية التدريس والمشكلات الصفية وكيفية معالجتها، الوحدة السادسة: تناولت طرائق التدريس قديمها وحديثها مع التوضيح

للميزات والمآخذ على كل طريقة، وقد خصصت الوحدة السابعة للحديث عن التقويم: أغراضه وأهدافه وطرائقه، مع إعطاء مثال على كل طريقة ثم تناولت الحديث عن جدول المواصفات إعداده وتنفيذه.

هذا كتابي بين يديك أخي المعلم، راجياً أن يحقق ما أصبوا إليه من آمال، من تقديم خدمة تربوية أرجو أن تكون نافعة لك ولكل العاملين في سلك التربية والتعليم وأن أكون عند حسن ظنهم؛ وأن أكون قد زودت المكتبة العربية بما هي في حاجة إليه من كتب التربية، مع تمنياتي لمسيرة التربية والتعليم والتقدم والتطور لما فيه نفع هذه الأمة ورقيها، والله الموفق.

المؤلف

الوحدة الأولى
مفاهيم التدريس

الوحدة الأولى

مفاهيم التدريس

- المقدمة
- التعليم والتدريس
- طريقة التدريس
- أسس اختيار طريقة التدريس
- أهداف طرائق التدريس
- القواعد الأساسية التي تبني عليها قواعد التدريس
- مواصفات طرائق التدريس الناجحة
- الأصول العامة في التدريس
- مهارات التدريس
- أهمية التخطيط
- مهارة تنفيذ الدرس وعرضه
- مهارة التقويم
- الكفايات التدريسية
- التعلم الفعالي
- ممارسات المعلم الصفية
- الأدوار المتغير للمعلم

المقدمة

التعليم عملية استثمارية، حيث ينفق عليها الكثير من أجل تحقيق منافع وعوائد يتعلق بالفرد والمجتمع، ذلك أن التعليم يعد الأفراد ليكونوا أعضاء منتجين في المستقبل، فيزداد الإنتاج بزيادة القوة العاملة المدربة، وزيادة الخبرة، وبذلك يتحقق النمو الاقتصادي، وبزيادة النمو الاقتصادي تتحسن الرواتب والأجور، ويزيد متوسط الدخل الفردي، فيؤتي التعليم أكله وثماره أضعافاً مضاعفة.

ونظراً لذلك انصب الاهتمام في طريقة التدريس، فأصبح الاهتمام بكل ما يدور في الغرفة الصفية من تفاعل بين المعلم والمتعلمين، تفاعل يسهم المتعلم فيه إسهاماً إيجابياً، ويشارك مشاركة فاعله.

التعليم والتدريس[1]:

قد لا يفرق البعض بين مفهومي التدريس والتعليم، فيرى البعض أن التدريس هو نفسه التعليم، وأن التعليم هو نفسه التدريس ولكن (سميث) عرف التدريس:"أنه نظام من الأعمال يقصد به أن يؤدي إلى التعليم"، بينما عرفه (ايزنر) بأنه:" ما يحدث عندما ينجح المدرسون بحكم أنشطتهم التعليمية نجاحاً كلياً في أقدر طلابهم على أن يتعلموا".

يعرفه باسي: "نشاط تستخدم فيه المواد في استراتيجيات، لتحقيق الأهداف التربوية، بارتكازها على الحاجات، ويربط هذا التعريف بين استراتيجيات التعليم وبين الأهداف التربوية ويجعل ذلك كله في نطاق حاجات التلاميذ.

---

(1) رشيد عباس- مبادئ التعليم الصفي- ص 111.

فالتعليم: يزود الطالب بالمعرفة.

والتدريس: يزود الطالب بالمعرفة ويمده بالوسائل والأنشطة التي توصله إلى المعرفة.

طريقة التدريس [1]:

طريقة التدريس: سلسلة من الفعاليات التي يقوم بها المعلم ليصل بالمتعلم إلى التعلم الفعال، وتتضمن طريقة التدريس تحديد الأهداف، اختيار الأساليب والأنشطة الملائمة لتحقيقها واختيار وسائل تعليمية، ونمط تقويمي معين ومناخ صفي وإدارة صفية ملائمة.

لا توجد طريقة تدريس بعينها يصلح استخدامها في كل المواقف الصفية، ولكل المواضيع والمواد الدراسية، فطرائق التدريس كثيرة وعديدة، وما يصلح منها موقف تعليمي معين لا يصلح لموقف آخر، والطريقة التدريسية التي أثبتت جدواها مع معلم ما قد لا تكون فاعلة مع معلم آخر، بل أكثر من ذلك فالطريقة التي استخدمها المعلم مع صف معين قد لا يحسن استخدامها مع صف آخر ولنفس الموضوع مع نفس المعلم.

أسس اختيار طريقة التدريس:

هناك عوامل كثيرة يجب مراعاتها عند اختيار طريقة التدريس المناسبة، لذا فالمعلم الناجح لا بد له من معرفة هذه العوامل حتى يمكنه اختيار الطريقة التدريسية المناسبة والتي بوساطتها يستطيع المتعلمون الاستفادة من الخبرات التعليمية.

---

(1) رشيد عباس ص 2.

1. الهدف التعليمي:

إن للهدف التعليمي الذي يسعى المعلم لتحقيقه الأثر البالغ في اختيار طريقة التدريس الملائمة، فبحسب الهدف التعليمي تكون طريقة التدريس، فلا توجد طريقة تدريسية بعينها يمكن بها تحقيق أي هدف تعليمي، فالهدف المعرفي يحتاج إلى طريقة تدريسية مغايرة لتلك التي تستخدم لتحقيق الهدف الانفعالي" الوجداني" أو الهدف النفسي حركي، لذا على المعلم الناجح أن يحدد الأهداف التعليمية التي يزيد تحقيقها ومن ثم اختيار الطريقة الملائمة.

2. المحتوى:

تختلف طريقة التدريس المتبعة تبعاً لاختلاف المادة الدراسة، فالمواد الدراسية منها المواد النظرية ومنها المواد العملية والمخبرية ولكل منها طريقة تدريسية مناسبة كما أن المادة الدراسية الواحدة، تحتاج إلى طرائق تدريسية مختلفة وذلك تبعاً للموضوعات الدراسية أو الوحدات الدراسية، والمعلم الناجح هو الذي يقوم بالإطلاع على المادة الدراسية، ومن ثم يتم اختيار الطريقة التدريسية المناسبة لها.

3. عدد التلاميذ:

إن عدد التلاميذ في الغرفة الصفية يحتم على المعلم اتباع طريقة تدريسية تناسب هذا العدد:

فمثلاً: إن الطريقة التدريسية التي يصلح استخدامها عندما يكون عدد التلاميذ قليلاً لا يصلح استخدام هذه الطريقة إذا كان عدد الطلبة كبيراً.

فقد يستخدم معلم ما طريقة تدريسية معينة لدى تدريسه وحدة دراسية لفصل عدد تلاميذه قليلاً، ويتحقق الهدف التعليمي بواسطة استخدامها، بينما لا ينجح هذا المعلم لدى تدريسه نفس الوحدة الدراسية لفصل آخر يكون عدد تلاميذه كبيراً.

4. المرحلة الدراسية:

لكل مرحلة عمرية خصائص ومميزات تختلف عن المرحلة العمرية السابقة لها أو اللاحقة، فطلبة المرحلة الأساسية العليا لهم خصائص تختلف عن طلبة المرحلة الثانوية من حيث النمو والتفكير والوعي والإدراك، لذا فالطريقة التدريسية المتبعة مع طلبة المرحلة الابتدائية لا تصلح مع طلبة المرحلة الثانية، فالمعلم الذي يقوم بتدريس مادة ما لمرحلتين مختلفتين عليه آن لا يتبع نفس الطريقة التدريسية معهما.

5. الفروق الفردية:

إن الطلبة يختلفون وبينهم فوارق في مستوى القدرة والإدراك والميول والحاجات والاستعداد، فالمعلم الناجح الذي يلجأ إلى الطريقة التدريسية المناسبة لمراعاة هذه الفروق الفردية وتجاوزها.

6. موقع الحصة في جدول الحصص:

إن لترتيب الحصة في الجدول الدراسي اليومي له الأثر البالغ من حيث حيوية الطلبة ونشاطهم وتفاعلهم، فالحصة الأولى تختلف عن الحصة الأخيرة وكذلك الحصة التي تكون في اليوم الذي يسبق الإجازة الدراسية غير تلك التي تكون في اليوم الذي يلي الإجازة الدراسية.

7. شخصية المعلم:

إن لشخصية المعلم أثراً مهماً في اختيار الطريقة التدريسية، فالمعلم المتسلط يختار طريقة تدريسية تلائم شخصيته وبالتالي فهي تختلف عن تلك التي يختارها المعلم الديمقراطي ويحسن تنفيذها.

8. الوسائل المتاحة:

يجب على المعلم قبل تحديد الطريقة التدريسية أن يطلع على الوسائل التعليمية والأدوات المتوافرة في المدرسة بحيث يحسن استخدامها في الحصة الصفية، فلا يعقل المعلم استراتيجية لتنفيذ حصته اعتماداً على وسائل تعليمية غير متوفرة.

9. وقت الحصة:

إن للزمن المخصص لتنفيذ الدرس أثراً كبيراً في تحديد طريقة التدريس، فإذا كان الزمن حصتين متتاليتين لا بد أن يجعل ذلك المعلم يفكر بطريقة تدريسية تختلف عن تلك التي يستخدمها لو كان الزمن حصة واحدة.

أهداف طرائق التدريس[1]:

1. المساهمة في اكتساب التلاميذ الخبرات التربوية الهادفة.
2. تنمية قدرة التلاميذ على التفكير العملي وتدريبهم على حل المشكلات.

(1) أساليب تدريس الدراسات الاجتماعية-د. أحمد حسين اللقاني وعودة عبد الجواد أبو سنينة- مكتبة دار الطفل- عمان- 1990-ص23.

3. تنمية قدرة التلاميذ على التخطيط والعمل والجماعة في فريق.

4. مواجهة الفروق الفردية بين التلاميذ.

5. تساهم في اكتساب التلاميذ العادات والقيم والاتجاهات المرغوب فيها.

المجالات التي تساعد على عملية التدريس:

1. اختيار المصادر التعليمية:

تختلف المصادر التعليمية من مدرسة لأخرى، فقد تتوافر في مدرسة ولا تتوافر في أخرى، وعلى أية حال يجب أن تتصف هذه المصادر بما يلي أن تكون:

أ. مناسبة لقدرات المتعلمين.

ب. متنوعة، بحيث تراعي الفروق الفردية بينهم.

ج. مثيرة لاهتمامات المتعلمين وميولهم.

د. غير مكلفة.

ه. اختيار الاستراتيجيات بيسر وسهولة.

2. اختيار الاستراتيجيات المناسبة:

إن اختيار الاستراتيجية هي جزء من عملية التخطيط، ونعني بها الطريقة والوسائل المستخدمة لتمكن الطلاب من استيعاب المادة الدراسية

وفهمها، ومن هذه الاستراتيجيات المحاضرة، المناقشة، إجابة أسئلة الكتاب، إجراء تجارب مخبرية، التعليم المبرمج، رحلات ميدانية، وظائف بيتية، دراسات مستقلة، استخدام وسائل سمعية وبصرية، التعبير الشفوي أو الكتابي،...ولا نعني أنه يجب استخدام كل هذه الطرائق ولكن المقصود التنوع فيها وعدم الاقتصار على طريقة واحدة.

3. عرض الدرس:

بعد تحديد المصادر التعليمية والأهداف العامة والخاصة للدرس وتحديد خطوات العمل والطرق المناسبة لصيغتها النهائية، فإن المعلم يشعر بالثقة بالنفس على أن درسه سوف يحقق الهدف أو الأهداف المرجوة لأنه أحسن الإعداد والتحفيز له.

4. بداية الحصة:

إن التقديم للدرس أمر ضروري ومهم، وعامل جذب انتباه للطلبة، وعامل تشويق لهم، ويكون ذلك من خلال سرد قصة لها علاقة بموضوع الدرس، لإثارة حب الاستطلاع، وقد تكون المقدمة من خلال أشياء ملموسة، أو وسائل سمعية، أو أفلام أو شرائح لها علاقة بالدرس، أو عن طريق تحليل نتائج امتحان جرى في يوم سابق وله صلة بموضوع الدرس.

القواعد الأساسية التي تبني عليها قواعد التدريس[1]:

التدرج من المعلوم إلى المجهول:

تعمل على الاستفادة من الخبرات التدريسية التي سبق للمتعلم أن تعلمها كمقدمة للخبرات التدريسية التي سيدرسها أي الربط بين التعلم القبلي والتعلم البعدي.

1. التدرج من السهل إلى الصعب:

إن المعلم الجيد هو الذي يتدرج من خبرات لا تتطلب تفكيراً وعمليات معقدة إلى خبرات تحتاج إلى تفكير وعمليات عقلية معينة، وإن المعلم الجيد لا يقيس المفاهيم من حيث السهولة والصعوبة بالنسبة له بل بالنسبة لطلبته.

2. التدرج من البسيط إلى المركب:

إن العقل البشري يدرك الأشياء ككل ثم يحاول بعد ذلك دراسة التفاصيل والأجـزاء لـذا فـالمعلم الناجح هو الذي يعمل على تدريب طلابه على التدرج في الخبرات والأنشطة البسيطة إلى الخبرات المركبة.

3. التدرج من المبهم أو الواضح المحدد:

إن خبرات المتعلم من الأشياء في البداية تكون عامة ومبهمة وغير محددة ثم تبدأ فيما بعد تتحدد أطرافها ومعالمها، وعليه يمكن عند عرض الخبرات أن نبدأ بما في عقول المتعلمين ثم نسير حسب التدرج العقلي فنوضح الغامض ونحدد المبهم.

---

(1) مبادئ التدريس الصف- رشيد عباس- مرجع سابق- ص25 ، 24، 23.

4. التدرج من المحسوس إلى المعقول:

إن المعلم الذي يسير في تدريسه من الأمثلة والتجارب الحسية التي يمكن أن يستخدم فيها المتعلم حواسه لبناء الخبرات ثم الوصول إلى الخبرات الكلية غير محسوسة وعليه أن يكثر في الأمثلة المحسوسة والتجارب بعد ذلك يمكن استخلاص التعميمات والتعارف العامة.

5. التدرج من الجزئيات إلى الكليات:

ينبغي أن يسير المعلم سيراً منطقياً ومتتابعاً ومتسلسلة فيبدأ من الجزئيات والأشياء الصغيرة التي تتكافل لتعطي الأشياء الكلية.

6. التدرج من العملي إلى النظري:

يستطيع المعلم أن ينتقل أثناء تدريسه في كثير من المواد مثل الهندسة والفيزياء والكيمياء من التجربة (العمل) إلى النظرية.

ينبغي أن يقوم المعلم بتدريب وتعويد المتعلمين على البحث في الحقائق ومحاولة الوصول إلى معنى ما يحيط بهم، مراعياً في ذلك ما يسمى بمبدأ الفروق الفردية وقدراتهم واستعداداتهم وتجاربهم السابقة.

مواصفات طرائق التدريس الناجحة:

1. أن ترتبط بالهدف المطروح ارتباطاً وظيفياً.
2. أن تجعل الطالب مشاركاً فاعلاً في الموقف التعليمي.
3. أن تكون الإدارة الصفية إدارة ديمقراطية.

4. أن يكون الطالب قادراً على النقد والتحليل والتركيب والاستنتاج.

5. أن يتزود الطالب بالمعرفة عن طريق إرشاده وتوجيهه في التوصل لهذه المعرفة.

6. أن لا يكون الطالب في موقف المتلقي، بل في موقف من يعطي رأيه بصراحة، ووضوح، دون ضغط أو إكراه.

7. أن تنمي عند الطالب شخصية متكاملة عقلياً وانفعالياً واجتماعياً وحسياً وحركياً.

8. أن تتصف المعلومات التي يحصل عليها الطالب بالديمومة فترة طويلة، دون أن ينساها.

9. أن تكون مناسبة لمستوى الطلاب التحصيلي والعقلي.

10. أن تثير الدافعية والتشويق والانتباه عند الطالب.

الأصول العامة في التدريس[1]

1. يجب أن لا يبدأ المعلم درسه قبل أن يسود النظام الغرفة الصيفية، قد يدخل المعلم فيجد التلاميذ في حركة وأحاديث، فإذا بدأ المعلم درسه فيذهب جهده بلا فائدة، عليه أن لا يعيد النظام بالعنف والحدة والانفعال.

2. أن لا يكثر المعلم المشي داخل الصف وأن لا يكون جامداً في مكانه كالتمثال أن يتناوب في حركته وسكونه.

3. على المدرس أن يوجه السؤال وبعدها يحدد الطالب الذي يجيب عن سؤاله ليشعر كل طالب أنه معني بالإجابة.

4. أن لا يطلب المعلم عملاً من طلبته قبل أن ينتهوا من العمل السابق كأن يطلب المعلم من الطلبة قراءة الدرس قراءة صامتة وقبل أن ينتهوا منها يبدأ بمناقشتهم حول الموضوع.

5. على المعلم أن لا يستأثر بالكلام ويترك دور الطالب مقتصراً على التلقي والإصغاء بل عليه أن يعمل على تفعيل دوره بتهيئة الظروف والفرص التي تساعد المتعلم على ظهور شخصيته.

6. على المعلم أن يبني علاقته بطلبته على أساس المحبة والاحترام والتقدير والتسامح.

---

(1) د. جودت الركابي طرائق تدريس اللغة العربية- دار الفكر- دمشق- ط2 -1980- ص 34 إلى 37.

7. على المعلم أن لا يتبع طريقة تدريسية واحدة طوال الحصة الصفية وذلك لتجنب الملل، بل عليه أن ينوع في طرائق التدريس في الحصة الواحدة.

8. أن يراعي الفروق الفردية والاعتراف بأن لكل طالب له طاقات إبداعية، وقدرات خاصة للتعلم وحاجات جسمية وفكرية وعاطفية واجتماعية يجب مراعاتها والعمل لتلبيتها.

مهارات التدريس

للتدريس مهارات ثلاث هي:

أولاً: مهارة تخطيط الدرس:

يجب على المعلم أن يضع تصوراً للممارسات التي سيقوم بها في الغرفة الصفية وصولاً إلى تحقيق الهدف المرجو، وهذا التخطيط ضروري للمعلم القديم كما هو ضروري للمعلم الجديد فلا يركن المعلم القديم لسنوات خبرته في التدريس وبالتالي يظن أن سنوات خبرته تغنيه عن التخطيط، فالمعلم الذي يحسن التخطيط للدرس لا بد أنه يتقن مهارات أخرى مثل صياغة الأهداف التعليمية وتحليل المحتوى واختيار أسلوب تقويم ملائم للوقوف على مدى تحقيق الأهداف التعليمية.

التخطيط أنواع منه ما يكون:

أ. طويل المدى كأن يخطط المعلم للمقرر الدراسي بأكمله وهذا التخطيط يجعل المعلم يرسم الخطوط العريضة لتنفيذ ذاك المقرر الدراسي بنظرة شمولية وهذا ما يسمى بالخطة السنوية وهنا يجب على المعلم أن يقسم المحتوى إلى موضوعات دراسية أو وحدات يراعى في هذا التقسيم خصائص المتعلمين ومستويات تحصيلهم ومن ثم إعداد الوسائل التعليمية اللازمة والأنشطة المدرسية التي سيمارسها الطلبة وصولاً إلى تحقيق الأهداف التعليمية كذلك على المعلم أو يوضح أسلوب التقويم المناسب لكل وحدة دراسية من أجل تحديد المخرجات العملية التعليمية أو بيان مدى الحاجة إلى التغذية الراجعة.

ب. **قصير المدى:** كأن يخطط المعلم لموضوع معين يتم تنفيذه في حصة صفية وهو ما يسمى بالخطة اليومية حيث تكون أكثر تفصيلاً وتوضيحاً لممارسات المعلم وبيان أدوار كل من الطالب والمعلم في الغرفة الصفية وذكر الأنشطة والأساليب والوسائل المتبعة للوصول إلى الهدف المنشود.

أهمية التخطيط

للتخطيط أهمية كبيرة لكل ركن من أركان العملية التربوية حيث ينعكس إيجابياً عليها ومن هذه الفوائد:-

أ. يؤدي إلى نمو وتطوير المعلم مهنياً، من خلال إطلاعه على المحتوى ومصادر التعليم الأخرى ومن خلال صياغته للأهداف التعليمية وبحثه عن الوسائل والأساليب والأنشطة اللازمة لتحقيق الأهداف تزداد خبرات المعلم العلمية والمهنية.

ب. تضع المعلم بالتصور الدقيق للتعلم القبلي عند الطلاب ولمقدار خبراتهم التعليمية السابقة حيث يقوم بالبناء عليها من أجل تحقيق تعلم لاحق بصورة مناسبة، ضمن الإمكانات المتاحة.

ج. يساعد على تحسين المنهاج، لا بد للمعلم الذي يخطط لدرسه جيداً من الإطلاع على المنهاج وتحليل المحتوى وبالتالي فهو يقف على مواطن الضعف ومواطن القوة في المنهاج مما يساعد على تلافي العيوب وتقديم المقترحات التي تعمل على تحسين المنهاج.

د. التخطيط يجعل المعلم يسير في درسه بتنظيم دقيق حيث ينتقل من خطوة إلى أخرى وفق تخطيط مترابط تم إعداده مسبقاً بعيداً عن الارتجالية والعشوائية فتحقق الأهداف التعليمية وتكون مخرجات التعليم كما أريد لها أن تكون.

ه. يساعد المعلم على مواجهة المواقف التعليمية بثقة عالية ويجنبه الوقوع في المشكلات الصفية، وبالتالي يتمكن من إدارة الصف بفاعلية.

و. يؤدي إلى تحسين التعلم، والاستفادة منه وعدم تضييع الجهد والوقت.

عناصر الخطة

للخطة قصيرة المدى أو بعيدة المدى نوعان من العناصر عناصر روتينية وعناصر فنية ولكن هذه العناصر تكون مفصلة في القصيرة المدى بينما تكون مجملة في الخطة بعيدة المدى:-

أ. **العناصر الروتينية وتشمل:** العنوان والصف والشعبة والزمن موزعاً على أجزاء الخطة.

ب. **العناصر الفنية:** وتشمل العناصر التالية:

أولاً: الأهداف: لا بد أن تكون الأهداف التعليمية واضحة، ومحددة في الخطة، والأهداف هي التي يسعى المعلم إلى إنجازها في نهاية درسه أو كل ما يمكن للتلميذ تحقيقه، قولاً أو

عملاً بعد الانتهاء من تعليمه، وتصنف الأهداف إلى أهداف معرفية وأهداف انفعالية وأهداف نفسحركية.

الخطة السنوية: تصور مجمل لكل الفعاليات التي سيقوم بها المعلم وطلابه خلال العام الدراسي وحتى تكون الخطة السنوية فاعلة، وليست عملاً روتينياً يقوم بها المعلم إرضاء للمشرف التربوي أو مدير المدرسة عليه أن يقوم بما يلي:

1. الإطلاع على المنهج وتحليله، وتحديد الأهداف التربوية، وتقسيم المحتوى إلى وحدات.
2. اختيار الاستراتيجية المناسبة لتحقيق الأهداف التربوية وتحديد الوسائل والأنشطة والأساليب الواجب اتباعها، وتوضيح دور كل من المعلم و الطالب في تنفيذ الأنشطة التعليمية.
3. تقسيم الزمن بحيث يكون زمن تنفيذ كل وحدة دراسية واضحاً ومحدداً.
4. وضع التقويم المناسب بأنواعه المختلفة، لمعرفة مدى تحقيق الأهداف التربوية.

الخطة اليومية:

1. دراسة الموضوع المراد تناوله في الحصة الصفية وتحليله إلى مفاهيم جزئية وتحديد الأهداف المراد تحقيقها، وصياغتها بصورة سلوكية يمكن قياسها.

2. اختيار الاستراتيجية المناسبة لأعمار الطلبة وقدراتهم واستعداداتهم مع تحديد الوسائل المعينة والأساليب المتبعة ودور كل من المعلم والطالب في تنفيذها.

3. تحديد الزمن الكافي لتنفيذ الخطة اليومية، فالمعلم الذي لا يحسن التخطيط لحصة صفية واحدة كيف يؤمل منه التخطيط لفصل دراسي أو عام دراسي؟

4. تحديد وسائل التقويم المناسبة من أجل التغذية الراجعة.

1. **تحديد المحتوى: إن** الأهداف لن تحقق إلا من خلال محتوى معين وقد يتم تحقيق هدف أو أكثر من خلال موضوع معين أو وحدة ما وقد نحتاج لتحقيق هدف واحد إلى أكثر من وحدة.

2. **مصادر التعلم:** لم يعد المعلم هو المصدر التعلم الوحيد ولكن مصادر التعلم تنوعت وتعددت فالكتاب المدرسي والمجلات والشرائح والأفلام وبرامج الإذاعة والتلفاز والانترنت كل ذلك اصبح يعتبر من مصادر التعلم المهمة ولكن الكتاب المدرسي ما زال يحتفظ بأهمية كبيرة ويعتبر من مصادر التعلم الفاعلة ذلك لأنه يمثل الإطار العام للمقرر الدراسي.

3. **تحديد الوسائل التعليمية:** للوسائل التعليمية أهمية بالغة في خدمة المواقف التعليمية منها: جذب انتباه الطلاب وتركيزهم، وزيادة إقبال الطلاب على التعليم وتشويقهم له، وزيادة فاعلية الطلاب ودافعيتهم للتعلم، وتوفير الوقت والاستفادة منه وحتى تؤدي الوسيلة التعليمية الغرض منها يجب أن تتصف بما يلي:

أ. مطابقة للهدف التعليمي.

ب. الوضوح.

ج. قلة التكاليف.

د. مشوقة تجذب انتباه الطلاب.

ه. يجب عرض الوسيلة التعليمية في الوقت المناسب وإبعادها حال الانتهاء منها كي لا تعمل على تشتيت انتباه الطلاب.

و. أن تكون الوسيلة سليمة من الناحية العلمية فلا تعطي معلومات مغلوطة.

ز. أن تتناسب وأعمار الطلاب وقدراتهم.

4. **تحديد الأنشطة التعليمية:** النشاط المدرسي جزء لا يتجزأ من المواد الدراسية فهو يكملها ويدعمها، وهو يسهم في تحقيق الأهداف، وهو نمط من السلوك يساعد الطالب على تنمية معرفته وزيادة خبراته وصقل شخصيته لأنه يكسبه الثقة بالنفس والاعتماد عليها، ويعوده تحمل المسؤولية والتعاون والعمل بروح الفريق، وحتى تؤتي الأنشطة المدرسية أكلها يجب التخطيط لها جيداً من جميع النواحي: ومن أمثلة النشاطات المدرسية:

أ. الزيارات لمواقع الآثار أو المصانع.

ب. الرحلات.

ج. إقامة المعارض والندوات

د. التمثيل.

ه. عمل المجلات.

و. جمع الصور التوضيحية.

ز. المساهمة في الإذاعة المدرسية.

5. **تحديد استراتيجية التدريس:** الاستراتيجية تشمل أسلوب تقديم المعلومات وطريق عرضها للطلاب وبيان دور الطالب وممارساته والأنشطة التي سيقوم بها.

6. **التقويم:** التقويم عملية لا غنى عنها في العملية التربوية وذلك لأنها تحدد مدى تحقق الأهداف التعليمية وبالتالي تمكن الطالب من الاستفادة من التغذية الراجعة للتقويم قد يكون في أثناء الدرس بعد الانتهاء من مفهوم معين وقد يكون التقويم في نهاية الدرس تقويم ختامي.

7. **الملخصات:** يقوم المعلم بكتابة الأفكار الرئيسة المتعلقة بالمفاهيم والمعلومات إما بعد تناولها مباشرة أو بعد توجيه أسئلة شفوية تتناول هذه المفاهيم ثم كتابتها.

8. **الواجبات المنزلية:** يعمد المعلم في نهاية الدرس تكليف الطلاب بأعمال ينفذونها في البيت وهي ما تسمى بالواجبات المنزلية التي لها أثر فعال في إثراء التعليم لأنها تعمل على زيادة التحصيل ولكن

على المعلم أن يتابع هذه الواجبات فيطلع عليها ويدون ملاحظاته في كراسة الطالب مما يزيد من تشويق الطالب أما إذا أهملها الطالب ولم يطلع عليها أو سائل من قصر فيها فإن ذلك يكون بمثابة عامل تخاذل وتراخي فلا يكون لها أثر أو مجد.

ثانياً- مهارة تنفيذ الدرس وعرضه:

حتى يؤدي المعلم درسه أداء فاعلاً عليه أن يتقن المهارات التالية:

1. التفاعل الصفي:

يعرف التفاعل الصفي[1] بأنه ما يجري داخل الصف من أفعال سلوكية معينة، لفظية بالكلمات أو غير لفظية بالإيماءات والحركات الجسمية وتعابير الوجه لهدف زيادة فاعلية المتعلم لتحقيق تعليم أفضل.

وعرفه آخر[2] بأنه ما يسود الصف من مناقشة وحوار وتبادل للآراء بطريقة منظمة وهادفة في مساعدة الطلبة على تطوير رغبة حقيقية في التعليم، ودافعية أصيلة نحوه، وعلى المعلم أن يتقن ما يلي:

أ. **التهيئة والإثارة:** لا بد من وجود دافعية لدى التلاميذ حتى يتم التفاعل الصفي بالشكل المطلوب سواء بين المعلم والتلاميذ أو بين التلاميذ أنفسهم وهذا يتطلب من المعلم أن يحسن عرضه للدرس ليشد انتباه التلاميذ ويبعد عنهم الملل والسأم.

---

(1) حمدان- محمد زياد- 1982- تعديل السلوك الصفي- الطبعة الأولى- بيروت- مؤسسة الرسالة.

(2) نشواتي- عبد الحميد- 1985- علم النفس التربوي- الطبعة الثانية- عمان- دار الفرقان.

ب. **استخدام الأسئلة:** إن طرح الأسئلة له دور فاعل في الإثارة الفكرية للتلاميذ فتعمل على جذب انتباههم وتزيد من تركيزهم وتحول جو الغرفة الصفية إلى بيئة تعلم كما أن الأسئلة تؤدي دوراً هاماً في عملية التقويم بمراحله المختلفة التشخيصي والتكويني والختامي، ولكن على المعلم أن يتوخى وجود الصفات التالية في أسئلته:

1. القصر والوضوح.
2. أن لا تخرج عن الهدف المراد تحقيقه.
3. أن تكون ضمن مستوى التلاميذ وقدراتهم العقلية.
4. توزيع الأسئلة على جميع طلاب الصف.
5. الثناء على أسئلة الطلاب والاستجابة لها.

ج. **استخدام الأدوات والأجهزة:** إن استخدام الأدوات وأجهزة مثل الأشرطة والوسائل التعليمية والشفافيات يعمل على إثارة التلاميذ وشد انتباههم وتكون عامل تشويق وإثارة للدرس ولا بد للمعلم أن يعرض هذه الوسائل أو الأدوات في وقتها حتى تؤدي الهدف من استخدامها ويجب على المعلم أن يتأكد من سلامة تلك الأجهزة قبل بدء الحصة الصفية.

د. **حيوية المعلم:** يقصد بحيوية المعلم نشاطه وحركته المتبعة لإنجاز وتحقيق الأهداف التعليمية فعلى المعلم أن يقوم بما يلي:

1. استخدام أساليب التلميح اللفظي وغير اللفظي (الإرشادات والحركات) أثناء التعليم.
2. تشجيع تفاعل الطلاب فيما بينهم خلال العملية التعليمية.
3. استخدام أمثلة مرتبطة بالأهداف التعليمية للدرس.
4. ربط العناصر الرئيسة للدرس.
5. استخدام الصمت انتظاراً لاستجابات الطلاب.
6. أن تكون شخصيته مرنة متفاعلة منتجة.

ه. **إنهاء الدرس وإغلاقه:** على المعلم أن يحسن التخطيط والإعداد لدرسه حيث يكون قد بين خطواته في إلقاء الدرس من البداية إلى النهاية فلا ينتقل من نقطة أو مفهوم حتى يسلمه إلى المفهوم الذي يليه تدريجياً وهكذا حتى ينتهي وقت الحصة فلا يفاجأ المعلم بصوت الجرس منهياً الحصة فيخرج المعلم من حصته دون أن يكون قد أنهى ما خطط له.

2. مهارة إدارة الصف:

حتى يحقق المعلم الأهداف التعليمية ويقوم بأدواره المتعددة داخل الغرفة الصفية عليه أن يحسن القيام بما يلي:

أ. المحافظة على النظام الصفي: إن النظام الصفي يعني انضباط سلوك الطلاب الصفي بالقواعد والأنظمة عند ممارسته المواقف الصفية، وعلى المعلم أن ينقل القواعد السلوكية لطلبته في كل مناسبة ذلك لأن معظم المشكلات السلوكية سببها عدم معرفة الطلاب بالقواعد السلوكية داخل الغرفة الصفية.

الإنضباط نوعان[1]:

أ. الانضباط الداخلي وهو محافظة الطلبة على النظام والهدوء داخل غرفة الصف، ومرد ذلك توجه الطلبة نحو العمل، وانغماسهم فيه،وتقبلهم لزملائهم وللنظام المدروس.

ب. الانضباط الخارجي: وهو المحافظة على النظام داخل غرفة الصف، باستخدام وسائل خارجية مثل الثواب والعقاب.

ب- التفاعل الصفي: التفاعل الصفي هو التفاعل المتبادل بين المعلم وتلاميذه في مجال السلوك المعرفي والإدراكي والذي له التأثير الكبير على مخرجات العملية التعليمية، فالتفاعل اللفظي بين المعلم وتلاميذه داخل الغرفة الصفية يعطي التلاميذ فرصة المشاركة في المواقف التعليمية مما يساعد على النمو المعرفي والوجداني ويهيئ مناخاً ايجابياً للتعلم.

ومن مهارات التفاعل الصفي:

1. تقبل مشاعر التلاميذ بإبداء المعلم لعبارات تدل على ذلك.

2. الثناء والتشجيع.

---

(1) دليل تعليمات الانضباط المدرسي، مديرية الصحة المدرسية- قسم الإرشاد التربوي والصحة النفسية- عمان 1988.

3. تقبل الأفكار.

4. توجيه الأسئلة.

5. الشرح والتلقين.

6. إعطاء التوجيهات.

7. النقد واستخدام السلطة.

عوامل التفاعل الصفي[1]:

1. **حجم الغرفة الصفية:** اختلفت الآراء حول أثر حجم الغرفة الصفية على العملية التعليمية وتحصيل الطلبة فمنهم من أيد البيئة قليلة العدد على سواها ومنهم على أيد البيئة ذات الأعداد الكبيرة في حين أن البعض قلل من أهمية حجم الغرفة.

2. **التكوين النفس الاجتماعي للصف:** يختلف الطلبة في خصائصهم النفسية والاجتماعية والاقتصادية والمعرفية والانفعالية وتبعاً لهذا الاختلاف فمنهم يختلفون في نظرتهم للتعليم وقدراتهم على التحصيل وقد نادى البعض إلى وضع الطلاب في مجموعات متجانسة ليسهل التعليم ويوفر مناخاً تنافسياً بين الطلبة ومنهم من عارض وضع التلاميذ في مجموعات متجانسة لأن ذلك يؤدي إلى قيام حاجز نفسي بين الطلبة المتفوقين وزملائهم بطيئي التعلم.

ثالثا- مهارة التقويم:

---

(1) نشواتي، عبد الحميد- 1985- علم النفس التربوي- الطبعة الثانية- عمان- دار الفرقان

يقصد بالتقويم إصدار حكم على ما تحقق من أهداف ثم تقدم مقترحات للتحسين والتطوير، ويشمل التقويم التشخيصي والعلاج، والتقويم شرط لازم لتحديد مستوى المتعلمين، ويساعد المعلمين والآباء في توجيه الأبناء دراسياً ومهنياً، كما يفيد في اتخاذ القرارات التي تتناول المناهج الدراسية، كما يعكس مدى سلامة بناء المناهج وتنفيذها وتطويرها.

يعتمد التقويم على جمع البيانات بأساليب متعددة منها: الاختبارات، بطاقات الملاحظة، مقاييس التقدير، والتقارير الصفية، والمقابلات والاستبيانات، معايير تقويم التلاميذ أما على مقارنة المعدل العام للأقران حيث يقارن تحصيل تلميذ بآخر في سنة أو صفة وهناك تقويم قائم على معيار واحد يضعه المعلمون لجميع التلاميذ لضمان نجاحهم التطبيقي لما تعلموه في الواقع بمرجع المحك أو التقويم المعياري.

ويصنف التقويم حسب التوقيت الزمني إلى[21]:

1. **التقويم القبلي:** يكشف عن الأهداف التي يتقنها الطلبة قبل تنفيذ عملية التدريس، ونتائج هذا التقويم قد يعيد النظر في خطة عملية التدريس بما يتناسب مع حاجات الطلبة، أي أن نبدأ مع الطالب حيث هو.

---

(2) هودة، أحمد-1998- القياس والتقويم في العملية التدريسية – الإصدار الثاني- عمان- دار الأمل- دار اليازوري العلمية.

2. **التقويم التكويني أو البنائي:** يتأكد المعلم بوساطته من سلامة سير العملية التدريسية وبناءاً على نتائج، فإذا كان التقويم مرضياً سوف تستمر العملية التدريسية حسب ما خطط لها أما إذا كان التقويم عير مرض فلا بد من تحديد جوانب الضعف وإجراء تدريس علاجي، فهذا النوع من التقويم، يزود المعلم والطالب بالتغذية الراجعة المتعلقة بالنجاح والفشل فالطالب يشعر بنجاحه، ويحدد أخطائه، والمعلم يعدل خططه على ضوء النتائج.
3. **التقويم الختامي أو الإجمالي:** وهو يحدد نواتج التعلم في نهاية وحدة أو فصل أو سنة.

الكفايات التدريسية

الكفاية: مجموعة المعارف، والمفاهيم، والمهارات والاتجاهات التي توجه سلوك التدريس لدى المعلم، وتساعده على أداء عمله داخل الصف أو خارجه، ويحتاج المعلم عدداً من الكفايات؛ حتى يتمكن من أداء عمله بصورة متقنة ومن هذه الكفايات:

أولاً- التخطيط:-

ويشمل التخطيط قيام المعلم بالعديد من المهام حتى ينجز عمله بالصورة اللائقة ومن هذه المهام صياغة الأهداف التعليمية المراد تحقيقها، واختيار الوسائل المعينة اللازمة لتحقيق الأهداف واختيار استراتيجية تعليمية مناسبة للمرحلة العمرية للطلاب، ومناسبة للهدف التعليمي المراد والمحتوى وتوفير بيئة صفية دراسية فاعلة ووضع أسلوب تقويم مناسب لقياس مدى تحقيق الأهداف التعليمية.

ثانياً- الدافعية:-

وحتى يقبل الطلبة على التعلم بنشاط وتشويق؛ على المعلم أن يقوم بتهيئة تمهيدية لاستثارة دافعية الطلاب عن طريق استخدام المثيرات المتعددة والمتنوعة، وأن يشجع المعلم تفاعل الطلاب عن طريق التعزيز وتقبل إجابات الطلبة.

ثالثاً- استخدام مهارات الاتصال:-

1. الاتصال اللفظي.
2. الاتصال غير اللفظي.

3. الاتصال البصري:

1. الاتصال اللفظي نوعان:

أ. الاتصال الشفوي يتم عن طريق الكلمات ونبرة الصوت.

ب. الاتصال الكتابي يتم عن طريق الكلمة المكتوبة.

2. الاتصال غير اللفظي:

يتم من خلاله نقل المعلومات دون استخدام اللغة ولكن عن طريق حركة اليد والإشارة وعن طريق العيون أو حركة الحاجب وعن طريق حركة الشفاة وتعابير الوجه.

3. الاتصال البصري:

يتم عن طريق استخدام الوسائل المعينة من صور أو أفلام أو خرائط أو شفافيات.

4. مهارات الاتصال

مهارة الكلام، مهارة الكتابة، مهارة القراءة، مهارة الإصغاء

رابعاً- الأسئلة:-

إن الأسئلة تحتاج إلى معلم كفء لاختيار الأسئلة الهادفة والتي تتصف بما يلي:

أ. أن تكون الأسئلة ذات علاقة بالهدف المراد تحقيقه.

ب. أن تكون الأسئلة واضحة، وقصيرة، وسليمة اللغة.

ج. أن تكون الأسئلة في مستوى قدرات الطلاب العقلية والعملية.

د. أن تميز الأسئلة تفكير الطلاب المنطقي.

خامساً- إدارة الصفوف وحفظ النظام:-

المعلم القادر على توفير الانضباط الصفي، وحفظ النظام هو المعلم الذي يحقق الأهداف التعليمية المرجوة، ووصولاً إلى ذلك عليه القيام بما يلي:

أ. الإشراف على سلوك الطلبة ومعالجة السلوك غير المرغوب فيه.

ب. الإشراف على نشاط الطلبة.

ج. المحافظة على النظام في حالة ظهور فوضى

سادساً- التقويم:-

يعتبر التقويم حلقة مهمة في العملية التعليمية؛ لأنه به يعرف مدى تحقيق الأهداف ولكي يكون التقويم فاعلاً وإيجابياً؛ لا بد أن يكون شاملاً ومتكاملاً ومستمراً ويجب أن يتصف الاختبار ما يلي:

أ. أن يكون الاختبار صادقاً.

ب. أن يكون الاختبار ثابتاً.

ج. الموضوعية.

ومن أساليب التقويم التي يستخدمها المعلم:

أ. الأسئلة بأشكالها المختلفة.

ب. ملاحظة أداء الطالب.

ج. أساليب التقويم الذاتي.

د. الاختبارات بأنواعها.

ه. الواجبات الصفية والواجبات البيتية.

التعليم الفعال

التعليم الفعال هو الذي يناسب الموقف الصفي الذي يمارس فيه هذا التعليم، أنه التعليم الذي يخطط للوصول إلى أهداف تربوية سليمة مشتقة من حاجات المتعلمين، وشارك المتعلمون في تحديدها كما شاركوا في النشاطات والأساليب التي يتطلبها تحقيق هذه الأهداف، أنه تعليم شخصي مباشر، يخاطب المتعلم نفسه، يخاطب حاجاته واهتماماته إلى درجة يشعر المتعلم بأن هو المستهدف.

خصائص وشروط التعليم الفعال[1]:

1. استخدام المرونة في طرق التدريس.
2. ملاحظة العالم من وجهة نظر المتعلم.
3. تقديم تعليم شخصي مباشر يخاطب المتعلم.
4. استخدام التجريب.
5. إتقان مهارة إثارة الأسئلة.
6. معرفة المادة الدراسية بشكل متقن.
7. إظهار الاتجاهات الودية نحو المتعلم.
8. إتقان مهارات الاتصال والحوار مع المتعلمين.

1) William L.Ruther Ford “An Analysis of teacher Effectiveness” ready Methods and teacher improvement. 1971-PP-124-132.

إثارة الدافعية:

إيجاد الرغبة لدى الطلاب في التعلم، وحثهم عليه، حتى يكون التفاعل في الموقف الصفي فاعلاً، وبذلك تقل المشكلات الصفية، ويسود النظام، ويحدث التعلم الفعال، بجهد قليل ووقت أقل، ويكون أثره بعيد المدى.

ممارسات المعلم الصفية[1]:

لم تعد مهمة المدرس أن يحل للطالب المشاكل ولكن أصبحت مهمة المعلم أن يوقف الطالب أمام المشكلة، ويدعه يحلها بنفسه، كي يتعلم كيف يحل غيرها إذا عرضت له، وهذا يبعد الطالب عن التقليد، ويضعه في طريق الإبداع الذاتي يجعله قادراً على التجديد الدائم، ولهذا لا يكون للتدريس معنى إلا إذا تحقق تطلعاً يقوم على اكتشاف المعاني وإدراكها لا على مجرد التلقين للمعلومات وسرد الحقائق.

ومن هذه الممارسات التي يقوم بها المعلم[2]:

1. التخطيط للتعليم.
2. اختيار المحتويات التعليمية وتنظيمها.
3. استخدام استراتيجيات ملائمة لبلوغ الهدف.
4. تقويم نتاجات التعليم بالإشارة إلى التغيرات السلوكية.
5. التصدي لتحمل المسؤوليات المهنية والعمل كقائد مهني.

---

(1) د. سلمان أحمد عبيدات- في أساليب التدريس- ص108

(2) Sowards, G. Wesley. Amodle for the perparation of Elementary School Teachers Washing ton, A.Government Printing office. 1968.

الدور المتغير للمعلم[1]

لقد حدد الناشف الأدوار المتغيرة للمعلم كما يلي:

1. الانتقال من تصدير المعرفة إلى تنظيم عملية التعلم.
2. الانتقال من الانفراد بإدارة النشاط التعليمي إلى إشراك الطلاب في التخطيط والتنفيذ.
3. الانتقال من التعلم المباشر إلى التعليم الذاتي.
4. الانتقال من الوسائل كوسائل إيضاح إلى استخدامها كمادة تعليمية.
5. الانتقال من التعليم الجمعي إلى تفريد التعليم.
6. الانتقال من التقويم الختامي إلى التقويم الختامي والتقويم التكويني:

أما أحمد عباس فقد حدد أدوار المعلم بما يلي[2]:

1. اختيار الأهداف التعليمية.
2. تصميم النشاط التعليمي.
3. إثارة دوافع الطلاب للتعلم.
4. توفير البيئة المناسبة للتعلم.
5. تقويم عملية التعلم.

---

(1) عبد الملك الناشف- الدور المتغير للمعلم وانعكاساته على التعليم- معهد التربية الأونروا- يونسكو- عمان – 1980- ص (13-15).

(2) أحمد عباس- برنامج مقترح لتدريب العلوم في المرحلة الإلزامية- رسالة دكتوراه- القاهرة- جامعة عين شمس- 1982- ص (152-153).

الممارسات التي يقوم بها المعلم وفقاً لهذه الأدوار

عندما يدرك المعلم هذه الأدوار ويقوم بها فإن ممارساته الصفية ستؤدي إلى تحقيق أفضل النتائج وأفضل أنواع التعليم، ومن هذه الممارسات التركيز على نجاح المتعلمين والذي يكون محوراً لعملية التدريس، ولتأكيد النواتج المرجوة منها على المعلم أن يجعل محتوى المادة التعليمية ممتعاً وجذاباً، ويؤكد فيه على التعاون، والأخذ والعطاء، ويثير دافعية داخلية توجه الطلبة نحو تعلم أفضل، أما عندما يفشل المعلم بالقيام لهذه الأدوار، فإنه يتولى أدواراً أخرى كأن يقوم بدور الفاحص الذي لا يقوم بالتدريس الفعلي والإيجابي بل يؤثر على وضع العلاقات التي تثير القلق ويكون فيها المحتوى للمادة التعليمية محتوى مملاً، والتنافس محوراً، وتكون الدافعية خارجية وسطحية ولا تثير الطلبة ولا تحفزهم على التعليم، ويقضي المعلم معظم وقته في التصحيح[1].

المسؤوليات الجديدة للمعلم:

1. دور استخدام الموجه للموقف التعليمي- التعلمي- فهو يخطط لتعريض الطلبة للخبرات والإهتمامات باستخدام الوسائل والمواد المتوفرة في المدرسة.
2. دور المرشد: يتعرف المعلم على طلبته وحاجاتهم وميولهم.
3. دور ناقل الثقافة: أن المعلم لا يوصل الثقافة والمعلومات بل هو أمين على نقلها.

(1) أحمد الخطيب- بعض الكفايات التعليمية الأساسية للمعلم العربي وانعكاساتها على المواد التعليمية المطبوعة لأغراض إعداد المعلمين وترتيبيتهم- معهد التربية- أونروا – يونسكو.

4. دور عضو المجتمع المدرسي: فهو ينتمي إليه، ويدرك واقعة ويتكيف معه.

5. دور الوسيط بين المدرسة والمجتمع: يسهم في إيجاد همزة الوصل بين المدرسة والمجتمع ويوطد العلاقات الاجتماعية والإنسانية.

الوحدة الثانية

الأهداف التعليمية

الوحدة الثانية

الأهداف التعليمية

- المقدمة
- خصائص الأهداف السلوكي
- تصنيف الأهداف السلوكية
- الأهداف المعرفية
- الأهداف النفسحركية
- الأهداف الوجدانية

الأهداف التعليمية

المقدمة:

اجمع المربون على تعريف التربية بأنها تغيير في سلوك الفرد، فعند تدريس موضوع أو وحدة دراسية فإننا نتوقع إحداث تغيير ملموس، أي أن الفرد الذي يمر بخبرة معينة لا بد أن يتحقق تغيير في سلوكه، وبمقدار هذا التغيير يكون التعلم، وربما يكون التغيير تعزيزاً لسلوك مرغوب فيه، أو يكون هذا التغيير كفاً عن سلوك غير مرغوب فيه، وأياً كان نوع هذا التغيير فبمقداره نستطيع أن نحكم على عملية التعلم بالنجاح أو الفشل، وبناء على هذا التغيير نستطيع أن نبني الخطوات القادمة، هل سنستمر في تعليم التلاميذ بالمفاهيم الجديدة اعتماداً على الخبرات السابقة التي مرّ بها، أو تكون الخطوة التالية هي تغذية راجعة لتلك المفاهيم التي مر بها التلاميذ حتى تزداد رسوخاً عنده وتكون واضحة جلية.

يجب أن لا نجعل التلاميذ يتعلمون دونما تخطيط، أو دونما أن نضع أهدافاً نسعى إلى تحقيقها، ثم ننتظر نتيجة هذا التعلم ونقول إننا حققنا كذا وكذا، ولكن يجب أن نسعى إلى عملية تعليم فاعلة ومدروسة ومخطط لها جيداً ويكون ذلك من خلال وضع الأهداف التعليمية المرجوة والتي نسعى لتحقيقها، فإذا ما حصل التعلم نحكم عليه من خلال مدى تحقق هذه الأهداف التعليمية.

إن عملية التعليم والحالة هذه تتألف من أربعة عناصر هي أهداف تعليمية توضع محددة واضحة من خلال تحليل العنصر الثاني ألا وهو المحتوى أو المادة التعليمية، أو الخبرات الدراسية التي يمر بها المتعلم، ونحتاج إلى

العنصر الثالث ألا وهو الوسائل التعليمية المعينة والأساليب الدراسية المتبعة وبعدها العنصر الرابع ألا وهو التقويم، أي إصدار الحكم.

مصادر الأهداف التربوية:

1. فلسفة المجتمع التربوية وأهدافه وقيمة واتجاهاته وحاجاته المتغيرة.
2. حاجات الطلاب وميولهم ودوافعهم واستعداداتهم وقدراتهم ومراحلهم العمرية.
3. طبيعة المعرفة المقدمة للطالب وشكلها.

الهدف التعليمي(1):

الهدف التعليمي هو التغيير الذي يراد إحداثه في سلوك الفرد نتيجة مروره بخبرة تعليمية معينة، ويجب ان يصاغ هذا الهدف بعبارة موجزة ومعبرة، وأن الصيغة المستخدمة فيها عبارة الهدف تحدد فيما إذا كان الهدف عاماً أو هدفاً سلوكياً ذلك إذا كانت الصيغة واسعة وفضفاضة وبعيدة التحقق يكون ذلك الهدف عاماً إذا كانت العبارة محددة ويمكن تحقيقها في وقت محدد يكون ذلك الهدف سلوكياً.

فالهدف العام لا يمكن قياسه، بينما الهدف السلوكي قابل للقياس ويمكن ملاحظته ويمكن أن نعرف الهدف السلوكي وهو: صياغة لغوية تتضمن سلوكاً يمكن ملاحظته وقياسه، يؤديه المتعلم أداءً محدداً فهو ناتج تعليمي أو سلوك نهائي يحققه المتعلم بعد مرور بخبرة معينة.

---

(1) أحمد حسين اللقائي- التعلم والتعليم الصفي- ص (9-19).

خصائص الهدف السلوكي:

1. يشير إلى سلوك يمكن ملاحظته وقياسه وتقويمه.
2. يشتق من الأهداف العامة.
3. يتضمن ناتجاً تعليمياً واحداً بدلاً من جملة نتاجات.
4. يناسب قدرات المتعلم.
5. يكشف عن أداء المتعلم وليس المعلم.
6. يرتبط بالمضمون.
7. يكتب بصيغة الفعل المضارع لأنه يدل على الفعل المتوقع من التلميذ.

تصنيف الأهداف السلوكية(1):

الهدف التعليمي: هو تغير متوقع في سلوك الفرد نتيجة مروره بخبرة تدريسية معينة، وقد تكون هذه الأهداف عقلية كالمعرفة، وأهداف مهارية تتعلق بالمهارات والعادات تسمى أهداف نفسحركية، وأهداف تتعلق بالاتجاهات والقيم أهدافاً وجدانية أو انفعالية.

أولاً- الأهداف المعرفية:

لقد تم تصنيف هذه الأهداف إلى ستة عمليات ذهنية متتابعة وفق تصنيف بلوم:

---

(1) راضي الوقفي- وزملاؤه- التخطيط الدرامي- الطبعة الثانية- عمان- 1979.

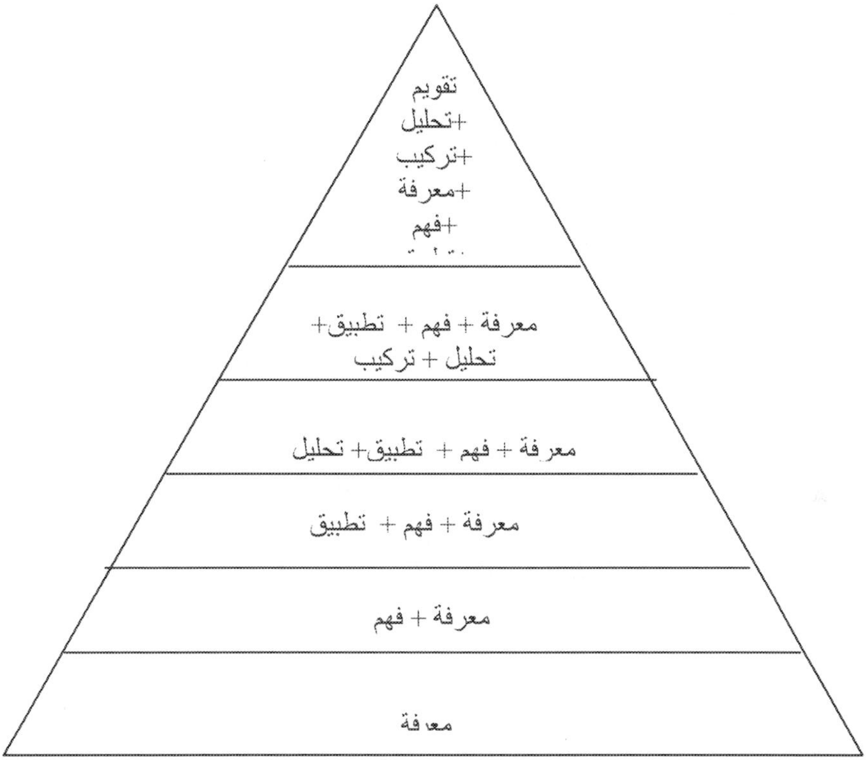

- المعرفة:

وتتضمن سلوك الفرد الذي يدل على التذكر، حيث يطلب من الفرد تذكر المعلومات أو استظهارها ومن الأفعال التي يمكن استخدامها في صوغ الأهداف (يعرف، يميز، يسمي، يحدد، يذكر، يتعرف، يبين، يرتب يكرر، يضع قائمة، يطابق، يحفظ).

- الفهم:

يشير مستوى الفهم إلى قدرة الفرد على استخدام المعرفة التي تعلمها، ويتوقع منه استخدام هذه المعرفة في التفسير، والترجمة والتوضيح، والتلخيص

والاستنتاج والتنبؤ ويستخدم الأفعال التالية: يفسر، يحول، يكتب بلغته الخاصة يبدل، يبين الفروق، يبين أوجه الشبه، يشرح، يختار، يستنتج، يلخصها، يناقش، يعبر عن،.......).

- التطبيق:

يشير إلى قدرة الفرد على استخدام المعرفة التي حصل عليها، في حل مشكلات جديدة ويتوقع منه القيام باستخدام الأفكار المجردة في المواقف المادية، وتطبيق المبادئ العامة ومن الأفعال المستخدمة (يطبق، يعمم، يختار، يربط النتائج بمسبباتها، يستعمل، يصنف، يطور، ينظم، يوظف، يستخدم، يمارس، يحل، يمثل،......).

- التحليل:

يشير إلى قدرة الفرد على اكتشاف الأجزاء والمكونات والمبادئ التي يتكون منها تركيب ما، وتحليل الأشياء إلى العناصر، وتحليل المواقف، و الربط بين الأجزاء، ومن الأفعال التي تستخدم في صياغة هذه الأهداف (يحلل يميز يقارن، يستدل، يصنف إلى مجموعات، يستخلص، يدقق، يفرق، يفحص، يختبر، ينفذ،......).

- التركيب:

يشير إلى قدرة الفرد على جميع الأشياء وبناء تراكيب جديدة ومن الأفعال المستخدمة في هذا المستوى (يرتب الأجزاء، يكتب مقالاً، يقص حكاية يشتق تعميماً، يروي، ينتج ينص، يصوغ، يضع خطة، ينظم، يركب، يعدل، يؤلف،......).

- التقويم

يشير إلى قدرة الفرد على إصدار حكم حسب معايير داخلية وخارجية ومن الأفعال المستخدمة في هذا المستوى، يحكم على، يقوّم، يقرّر، يصادق على، يدافع، يتخذ قراراً، يصدر حكماً، يتنبأ، يرتب،......).

ثانياً- الأهداف النفسحركية:

تركز هذه الأهداف بالعادات والمهارات، وتتكون من شقين الأول نفس حيث يدرك الفرد الحركة، والجانب الثاني: يفكر الفرد في الحركة وكيفية ممارستها، وتصنف هذه الأهداف إلى خمسة مستويات:

1. **الإدراك:** يشير هذا المستوى إلى أن الفرد أصبح قادراً على الإحساس بالتوقيت للشروع في حركة ما، ومتنبهاً إلى الإشارات التي توحي إلى بداية الحركة، وهذه الأفعال التي يمكن استخدامها لصياغة هذه الأهداف السلوكية (يتنبه، يحد، يميز، يختار).
2. **التهيؤ:** يشير هذا المستوى إلى استعداد المتعلم للقيام بالأداء ويكون قادراً ولديه الاستعداد الجسدي والعقلي والانفعالي، والرغبة في الاستجابة، ويمكن استخدام الأفعال التالية:(يعدد، يجهز، يحضر، يستجيب، يبادر، يتطوع، يبدي الرغبة).
3. **الاستجابة الموجهة:** وتتم عن طريق تعلم المهارة بالتقليد، أو المحاولة والخطأ ومن الأفعال المستخدمة في هذا المستوى (يبني، يفك، يثبت، يربط، يكتب يقرأ، يقيس،......).

4. **الآلية الاعتيادية** :"التعويد" وهي أداء الأعمال الحركية بطريقة آلية، عندما يتعود عليها المتعلم بثقة وجرأة وإتقان ومن أمثلة الأفعال المستخدمة في هذا المستوى: (يبني شكلاً، يصمم عملاً، يمثل دوراً، يصنع، يصلح، يركب.....).

5. **الاستجابة العملية المركبة:** وهي أداء الحركة المركبة بسرعة ودقة وبأقل جهد ممكن ومن أمثلة الأفعال المستخدمة في هذا المستوى (يصلح جهازاً، يعزف يضع خطة،.......).

ثالثاً- الأهداف الوجدانية (الانفعالية):

وفيه يسلك المتعلم سلوكاً انفعالياً يمثل إبداء المشاعر من حب وتقدير وتقبل واستجابة، وأساليب تكيف مع الآخرين من قبول ورفض لأشياء محددة فتركز هذه الأهداف على اهتمامات المتعلم وشعوره وقيمه وعواطفه واتجاهاته.

1. **التقبل والانتباه:** هو استعداد المتعلم واهتمامه بشيء محدد ويشمل الوعي، وإدارة المتعلم في الرغبة في الانتباه المنضبط، ومن أمثلة الأفعال المستخدمة في هذا المستوى (يسأل، يرغب يختار، يعين، يتقبل،يفضل، يضبط، يستمتع......).

2. **الاستجابة:** وهي المشاركة الإيجابية، والتفاعل مع الموقف التعليمي، بحيث تظهر الميول والاهتمامات، والشعور بالرضا والسرور للقيام بالاستجابة والإذعان للاستجابة، ومن أمثلة الأفعال التي تستخدم في هذا المستوى: (يستجيب، يوافق، يبادر، يشارك،

يجيز، يطيع، يتدرب، يصفق استحساناً، يطوّر، يطري، يتحدث عن،....).

3. **التقدير والتقويم (التثمين):** تقدير المتعلم لموضوع محدد أو مجموعة من القيم التي يعبر عنها سلوك واضح وفيه يبدو تطوير الاتجاهات والقيم التي تتناول ما يتعلق بالذات والآخرين والالتزام الدائم ببعض القيم والاتجاهات، ودعم وجهات النظر ومن الأفعال التي يمكن استخدامها في هذا المستوى (يدعم، يثمن، يقترح، يبرر، يدعو، يفكر، يعترض، يساعد، يهجر، يحاول، يمنع....) يهاجم، يدافع، يحتاج، يوافق، يبادر، يقتدي بـ.....

4. **التنظيم القيمي:** يهتم بقدرة المتعلم على جمع القيم المختلفة، والمتناقضة من ناحية والقيم المتشابهة والمتجانسة من ناحية أخرى ثم ترتيبها في نظام قيمي واحد، وفيه تظهر فلسفة المتعلم بالحياة، ومن أمثلة الأفعال التي تستخدم في هذا المستوى (يرتب، يشرع، ينظم، يبين، يشكل، يقارن، يناقش، يوازي البدائل، يصدر أحكاماً، يتمسك بـ ينسق، يحدد موقفاً، يلتزم بـ

5. **الاتصاف بالقيمة:** وهو ضبط سلوك المتعلم بناء على ما تكون لديه من نظام قيمي محدد، وفيه يتكون أسلوب مميز في الحياة، ويمكن التنبؤ بنوع من السلوك الذي سيصدر عن المتعلم، ومن أمثلة الأفعال التي تستخدم في هذا المستوى (يبرهن، يدبر، يقرر، يمارس، يلتزم، يتمثل، يغير، يراجع، يتجنب يعيد النظر، يطلب موقفاً،.....).

الوحدة الثالثة

الوسائل التعليمية

الوحدة الثالثة

الوسائل التعليمية

- المقدمة

- أهمية استخدام الوسائل التعليمية في التعلم.

- أنواع الوسائل التعليمية.

- شروط الوسائل التعليمية.

- خطوات استخدام الوسيلة التعليمية.

الوسائل التعليمية

المقدمة:

الوسائل التعليمية جزء لا يتجزأ من عملية التعليم، التي يجب أن تشترك فيها الأيدي والحواس؛ لتكون ناجحة ملائمة لفطرة الطالب.

والوسائل التعليمية ضرورة أساسية في العملية التربوية، وهي تسهل عملية التعلم والتعليم وتثبتها فيما لو أحسن المدرس استخدامها، وتسهم في نمو الخبرات عند المتعلم، وتسهل عملة الوصول إلى المعرفة بجهد أقل وبوقت أقصر، لذا على المعلم أن يتعلم مهارة استخدامها في المواقف التعليمية المختلفة وأن يلم بخصائص كل وسيلة، وأن يعرف متى وأين وكيف يستخدمها.

يشكو بعض المدرسين من عدم فهم الحقائق أو المبادئ التي يقدمونها أثناء تدريسهم، وذلك يعود إلى نوعية الطرائق التعليمية التي يستخدمونها، فالطريقة الجيدة تنتج الفهم الجيد والعكس بالعكس وتتوقف جودة طريقة التدريس لحد كبير على الوسائل الإيضاحية المتنوعة التي يستعملها المدرس في تدريسه، وتقرر هذه الوسائل أيضاً نوعية تعلم الطالب، ومقدار فهمه للحقائق المجردة.

إن الوسائل الإيضاحية ليست عرض صور ورسوم وأفلام فحسب، بل إن هذه الوسائل وطريقة استعمالها من الفنون الأساسية في عمليتي التعلم والتعليم على المدرس إتقانه والإجادة في تنفيذه.

فوائدها[1]:

1. توضح المفاهيم وتقربها إلى أذهان الطلاب.
2. تعمل على تثبيت المفاهيم في أذهان الطلبة، وتسهل على استظهارها.
3. تثير الرغبة في التعلم، وتشد انتباه الطلاب للدرس، وتحفزهم للدرس.

أهمية استخدام الوسائل التعليمية في التعليم[2]:

1. تجعل التدريس مشوقاً للطالب وجذاباً فتزيد من انتباه الطلاب.
2. تساعد الطالب على تحليل المادة الدراسية وفهمها فهماً جيداً، فهي توضح ما غمض من الدرس وتفسر ما يصعب تفسيره.
3. تثير الدافعية، وتزيد من فاعلية الطلاب ونشاطهم الذاتي، ومشاركتهم في العملية التعليمية، إذ يقوم الطلاب بالبحث، وجمع المعلومات، وإجراء التجارب.
4. إن استخدام الوسائل التعليمية يضيف إلى المعلومات والمادة الدراسية حيوية، ويجعلها ذات قيمة تطبيقية عملية.
5. تعمل على ربط المعلومات الجديدة بالمعلومات القديمة.

(1) المدخل في التربية والتعليم-د. عبد الله الرشدان وزميله - ص 314.

(2) بشير عبد الرحيم الكلوب وسعود سعادة الجلاد- الوسائل التعليمية إعدادها وطرق استعمالها- دار العلم للملايين - بيروت - الطبعة الثانية - 1977.

6. يساعد استخدام الوسائل التعليمية على تثبيت ما يعرضه المدرس في ذهن الطالب.

7. توفير الوقت والجهد.

8. توجيه الملاحظة والتأمل في الأشياء والحوادث.

9. تنقل الطلاب من المجرد إلى المحسوس من العقل إلى الفعل ومن القول إلى العمل.

10. تمكن من دراسة الكائنات الحية الدقيقة بسهولة.

11. تقوم معلومات الطالب وتقيس مدى ما استوعبه من مادة الدرس كالخرائط الصماء ولوحة الكهرباء وإجراء التجارب العملية.

12. تنمي في الطالب استمراراً في الفكر.

13. تجعل المدرس واثقاً إلى حد كبير من فهم الطلبة، مما يجعل عملية التدريس ناجحة.

14. تساعد في توضيح تسلسل الأفكار وترابطها.

أنواع الوسائل التعليمية:

1. اللوحات التعليمية (السبورة، اللوحة الوبرية).

2. الصور الفوتوغرافية والصور الفنية والصور السينمائية والشرائح.

3. الخرائط والرسوم.

4. العرض التمثيلي.

5. النماذج التعليمية والمجسات.

6. العرائس التعليمية.

7. المختبرات والتجارب.

8. اللوحة التعليمية.

9. الرسوم البيانية.

10. المعارض والمتاحف.

11. الرحلات التعليمية.

12. الإذاعة المدرسية.

13. التلفزيون التربوي.

14. العينات التعليمية.

شروط الوسائل التعليمية[1]:

1. أن تكون واضحة الألوان والمعالم.

2. أن تكون مناسبة ومحتوى المادة التعليمية.

3. أن تؤدي غرضاً واحداً وتوضح مفهوماً معيناً واحداً.

---

(1) الوسائل التعليمية- مرجع سابق.

4. أن يتناسب حجمها مع عدد طلاب الصف.

5. أن تعرض في الوقت المناسب.

6. أن تتناسب وقدرات الطلاب ومداركهم.

7. أن تكون قليلة التكاليف.

8. أن لا تبقى في غرفة الصف بشكل دائم حتى لا تعمل تشتيت أذهان الطلاب.

إرشادات عند اختيار الوسيلة المناسبة [1]:

1. تحديد الأهداف التربوية وفي ضوئها يتم اختيار الوسيلة المناسبة للهدف.

2. تجربة الوسيلة والاستعداد السابق لاستخدامها قبل عرضها على الطلبة.

3. عدم استعمال الوسائل التعليمية إلا عندما تدعو الحاجة إلى استخدامها.

4. أن تكون الوسائل مرتبة ومنظمة حسب أولوية استخدامها قبل بدء الحصة الصفية.

5. أن تهيئ أذهان الطلبة إلى الوسائل قبل استخدامها وعرضها.

---

(1) التعلم والتعليم الصفي- أحمد اللقاني – مرجع سابق – ص (106-108).

6. أن يكون المدرس متأكداً من أن هذه الوسائل ستحقق الهدف الذي يريد تحقيقه.
7. أن يكون استخدام الوسائل باعتدال فليس المهم كم هي عدد الوسائل التي استخدمت في الحصة الصفية ولكن الأهم هل حققت الغرض من استخدامها أم لا؟
8. التجديد في الوسائل فلا يعمد المدرس إلى استخدام الوسيلة الواحدة في مرات كثيرة ومتعددة.

خطوات استخدام الوسيلة التعليمية:

أولاً - قبل الحصة الصفية:

1. التخطيط الجيد والإعداد المناسب للوسيلة ويشمل تهيئة أذهان الطلبة قبل عرضها، وجعلهم يتشوقون لرؤيتها بما يعرضه عليهم من مقدمات أو أسئلة مثيرة.
2. الإطلاع على الوسيلة التعليمية، والتعرف على خصائصها والهدف الذي ستساعد على تحقيقه، ومعرفة الوقت المناسب الذي سوف تستخدم فيه، والفترة الزمنية الذي ستبقى أمام الطلاب والمكان الذي ستعرض فيه، والإحاطة باستفسارات الطلبة التي قد تطرح حولها.

3. التأكد من صلاحية الوسيلة خاصة إن كانت جهاز عرض فلا يفاجأ المعلم بعطل في ذلك الجهاز مما يسبب إرباكاً له، وتشتتاً للطلبة وتضييعاً للوقت من أجل محاولة التشغيل.

4. التأكد من صلاحية الغرفة الصفية لاستخدام تلك الوسيلة التعليمية مثل التأكد من صلاحية نقاط الكهرباء داخل الغرفة، أو كون المقاعد ثابتة أو متحركة إن احتاج الأمر لوضع معين للطلبة، التأكد من وجود أنبوبة الغاز في المختبر مليئة.

ثانيا – أثناء الحصة الصفية:

1. تهيئة المناخ الصفي الملائم لعرض الوسيلة مثل تحريك المقاعد بوضع مناسب أو تقليل الإضاءة بوضع الستائر على النوافذ، تقسيم الطلبة إلى مجموعات، وتقسيم المهام لكل مجموعة، وعرض الوسيلة بشكل منطقي ومتسلسل تبعاً للمفاهيم والخبرات التي يراد للطلبة أن يمروا بها.

ثالثا – بعد الانتهاء من عرضها:

يقوم المعلم بتقويم الوسيلة التعليمية، لما في التقويم من أهمية بالغة في علمية التعلم والتعليم، وزيادة في فاعلية تحقيق الأهداف لذا على المعلم أن يعي ما يلي:

1. هل حققت الوسيلة الهدف التي استخدمت من أجله؟
2. هل ساعد استخدام الوسيلة على زيادة التفاعل الصفي؟
3. هل عملت الوسيلة على فهم المادة الدراسية فهماً كبيراً؟

4. هل ناسبت الوسيلة قدرات الطلاب؟

5. هل ساهمت الوسيلة على تشويق الطلاب وزادت من انتباهم؟

6. ما هي نواحي القوة في الوسيلة حتى نعززها؟ وما هي نواحي الضعف في الوسيلة حتى نتلافاها؟

الوحدة الرابعة

التربية الإسلامية

الوحدة الرابعة

التربية الإسلامية

1. أهداف التربية الإسلامية.

2. أنواع الأهداف التربوية.

3. أغراض التربية الإسلامية.

- خصائص التربية الإسلامية.
- طرائق التدريس في الإسلام.
- المبادئ التي تستند إليها طرائق التدريس.
- أشكال المدرسة العربية الإسلامية.
- المربي المسلم.
- أخلاق الطالب المسلم

التربية الاسلامية

أهداف التربية الإسلامية[1]

الهدف:

هو التغيير المرغوب إلى الأحسن، الذي تسعى العملية التربوية إلى تحقيقه سواء في سلوك الفرد، أو حياته الشخصية، أو في سلوك وحياة المجتمع، وفي البيئة التي يعيش فيها الفرد، أو في العملية التربوية نفسها.

أنواع الأهداف التربوية:

1. أهداف فردية تتعلق بالفرد.
2. أهداف اجتماعية تتعلق بحياة المجتمع والسلوك الاجتماعي العام.
3. أهداف مهنية تتعلق بالتربية والتعليم، كعلم ونشاط ومهنة لها مقوماتها وشروطها.

وعلى التربية أن تحقق جميع تلك الأهداف، فتعمل على إصلاح الفرد والمجتمع والعملية التربوية، وتعتبر الأهداف نقطة البداية للتخطيط لأي عمل تربوي، أو غير تربوي.

وهي تعتبر وسيلة لربط العناصر التربوية ببعضها البعض، وتبين ما بينها من علاقات وبهذا يمكن تحديد معايير ومواصفات لأهداف التربية الإسلامية منها:

(1) محاضرات غير منشورة-د. عمر أبو الحسن- جامعة الجزيرة- مادة أصول التربية الإسلامية.

1. أن تكون أهداف التربية نابعة من مصادرها الأصلية أي من أصول التربية الإسلامية.
2. أن تكون محققة للأهداف العليا في بناء الإنسان والمجتمع الإسلامي.
3. أن تكون شاملة لكل جوانب النمو الإنساني، والاجتماعي، الدينية والدنيوية، المادية والروحية.
4. أن تكون على مستويات ومراحل عامة وخاصة إجرائية وسلوكية، متدرجة مع الإنسان والمجتمع.
5. أن تكون واضحة لا غموض فيها.
6. أن تكون واقعية من حيث الإمكانيات المادية والبشرية، ممكنة التحقق ولو على المدى البعيد.
7. أن تكون خالية من التناقضات مع بعضها البعض، ومع المبادئ والقيم الإسلامية.
8. أن تكون صالحة ومناسبة لكل الناس.

أولاً- الأهداف الفردية العامة:

تتعلق هذه الأهداف ببناء الشخصية المسلمة المتكاملة في نموها الروحي والجسمي، والعقلي، والانفعالي، وهي تدور حول بناء المسلم الصالح، المؤمن بربه المتحلي بالأخلاق الفاضلة، الصحيح في جسمه المتزن في دوافعه وعواطفه ورغباته، المتكيف مع غيره ومع نفسه، المزود بسلاح العلم والمعرفة، والممتلك لوسائل العلم والمعرفة، والواعي لمشاكل مجتمعة وأمته، القادر على استثمار

أوقات فراغه بحكمة وفائدة، والمدرك لحقوقه وواجباته، والمتحمل لمسؤولياته بوعي وكفاءة وإخلاص.

ثانياً- الأهداف الاجتماعية العامة:

تتعلق هذه الأهداف ببناء المجتمع الإسلامي، والنهوض به روحياً وثقافياً واقتصادياً وسياسياً.....الخ من تلك الأهداف.

1. تدعيم الحياة الدينية والروحية في المجتمع.
2. تحقيق نهضة علمية وثقافية وفنية على أساس المبادئ الدينية والقواعد الخلقية.
3. بناء مجتمع قوي متماسك ومتقدم اقتصادياً يسود فيه التخطيط السليم.

ثالثاً- الأهداف التربوية (المهنية):

تتعلق هذه الأهداف إلى تحقيق ما يلي:

1. تحسين الخدمات التربوية والتعليمية.
2. رفع مستوى الخدمات التربوية والتعليمية لتحقيق الأهداف الفردية والاجتماعية.

طرائق وأساليب التربية الإسلامية [1]

تتنوع أساليب التربية الإسلامية وتتعدد، وهذا التنوع والتعدد يكون حسب تنوع المواقف التربوية والأهداف التي تسعى لتحقيقها، فنختار الطريقة التي تتناسب مع المحتوى.

لما كانت أهداف التربية الإسلامية أهدافاً سامية، لذلك لا بد أن تكون وسائلها سامية ونبيلة، فالغاية لا تبرر الوسيلة، إن الوسائل والغايات والأهداف في الإسلام متداخلة ومتكاملة ولا يمكن الفصل بينها وقد دعا الإسلام إلى اتباع الوسائل الطيبة في كل المواقف والحالات، قال تعالى:" ولا تستوي الحسنة ولا السيئة ادفع بالتي هي أحسن فإذا الذي بينك وبينه عداوة كأنه ولي حميم" [2].

من الأساليب التي تتبعها التربية الإسلامية.

1. التربية بالقدوة :

تعتبر من أفضل الأساليب التربوية فالأطفال يتعلمون عن طريق التقليد والمحاكاة، لذا فهم بحاجة إلى القدوة والقدوة مهمة لكل الناس، عن طريق القدوة يتحول التربوي النظري إلى واقع حقيقي، وعن طريق القدوة يتم ترجمة مبادئ وقيم المنهج إلى سلوك حي وذلك من خلال سلوك وتصرفات ومشاعر وتفكير الإنسان القدوة، وبذلك يصبح المنهج حقيقة ماثلة أمام الناس، وقد بعث الله رسوله ليكون قدوة لكل الناس، قال تعالى:"لقد كان لكم في رسول الله أسوة

(1) محاضرات غير منشورة، د. عمر أبو الحسن- أصول التربية الإسلامية- جامعة الجزيرة- السودان.
(2) سورة فصلت الآية 34.

حسنة"[1]، فوضع في شخصيته الصورة الكاملة للمنهج الإسلامي ويرى الإسلام إن القدوة من أعظم وسائل التربية، ولذلك لا بد للطفل من القدوة في أفراد أسرته فللقدوة أثر فعال في سلوك الطفل، وكذلك لا بد للناس من قدوة في مجتمعهم ولا بد من قدوة في قادته، والمعلم القدوة هو الذي يتمثل المنهج الذي يعلمه ويربي به بحيث لا يكون هناك تناقض بين ما يدعو إليه وبين عمله وتصرفاته، حتى يتخذه المتعلمون قدوة لهم ومن غير المعلم القدوة تصبح التربية عبارة عن عملية تلقين وحفظ واسترجاع للمعلومات دون أن يكون لها أي أثر عملي في سلوك المتعلمين.

2. التربية بالموعظة الحسنة:

النفس البشرية تتأثر بما يلقي عليها من حديث (كلام) لذلك كان الوعظ من الأساليب التربوية المهمة، والوعظ عبارة عن النصح والتذكير، والنصح هو بيان الحق والمصلحة بهدف تجنب الضرر، وتحقيق السعادة والفائدة للإنسان، أما التذكير هو أن يعيد إلى الذاكرة معاني وإحداث لإثارة مشاعر وانفعالات، تدفع الإنسان إلى العمل الصالح، وإلى الاعتماد على التفكير السليم، والموعظة ضرورة، لأن في النفس دوافع ورغبات فطرية بحاجة إلى التوجيه والتهذيب، وهي ضرورة بصفة خاصة (ملحة) في حالة غياب القدوة الصالحة في موقف من المواقف، وعندها تكون القدوة وحدها غير كافية، والقرآن الكريم مليء بالمواعظ والتوجيهات، قال تعالى: "يا أيها الناس قد جاءتكم موعظة من ربكم وشفاء لما في الصدور"[2]، والإسلام يراعي في ذلك (في اتباع الموعظة) فطرة

---

(1) سورة الأحزاب- الآية 21.

(2)

الإنسان، فهو لديه الاستعداد للإصغاء والرغبة في الاستماع إلى النصيحة واتباعها من محبيه وناصحيه مما يجعل النصيحة ذات أثر فعال في نفسه.

3. أسلوب المحاورة والمناقشة:

من الأساليب التي تعتمد عليها التربية الإسلامية فهو يقوم على الإقناع والإقناع عن طريق العقل والمنطق، ويؤكد القرآن الكريم على أهمية أعمال العقل في التمييز بين الخطأ والصواب، بين الحق والباطل، واتباع هذا الأسلوب يزيد من قدرات الفرد على الفهم وتقبل الحقائق وأداء الواجبات، وبذلك يصل الفرد إلى القناعة التي تجعله متمسكاً بالخير لأنه خير ومبتعداً عنه لأنه شر، وهذا الأسلوب يتطلب إتاحة الفرص للتفكير المنطقي في أي قضية مطروحة أمامهم، وأن يفهموا المضمون الحقيقي للمعلومات، ويدركوا ارتباطها بواقعهم الحقيقي في الحياة على المستوى الفردي والجماعي.

4. جماعة الرفاق:

تعتبر من وسائل التربية من جميع جوانبها الأخلاقية والنفسية والعقلية والجسمية للناشئين ولها تأثير فعال على شخصية الفرد ومن واجب الآباء أن يساعدوا الأبناء في اختيار الأصدقاء الصالحين بطريق غير مباشر.

"المرء على دين خليله فلينظر أحدكم من يخالك" وضرب الرسول -صلى الله عليه وسلم - الجليس الصالح والجليس السوء وشبههما بنافخ المسك ونافخ الكير ويقول تعالى: "ويوم يعض الظالم على يديه يقول يا ليتني اتخذت مع الرسول سبيلاً ويا ويلتي ليتني لم اتخذ فلاناً خليلاً".[1]

---

(1) سورة الفرقان- الآية 27.

5- أسلوب الترغيب والترهيب (الثواب والعقاب):

من الأساليب التي تتبعها التربية الإسلامية، وهو أسلوب صالح في كل زمان ومكان. لأنه يتوافق مع طبيعة الإنسان، وهو يغير من سلوك الإنسان بدرجة كبيرة خاصة إذا ما عرف النتائج المترتبة على ذلك السلوك، فإذا ارتبط عمل الفضيلة في السلوك الحسن في ذهن الطفل بالثواب والرضا والسرور، نشأ عن حب الفضيلة، كما إن ارتباط سوء السلوك بالعقوبة والحرمان وعدم الرضا ينشئه على كراهية ذلك السلوك والابتعاد عنه، وتصوير القرآن الكريم للجنة ونعيمها والنار وعذابها هو أسلوب يتناسب وطبيعة الإنسان التي تسعى وراء المنفعة والسعادة وتبتعد عن المضرة والشقاء والعذاب.

6- أسلوب المعرفة النظرية (المعلومات):

من الأساليب التي تتبعها التربية الإسلامية، المعرفة النظرية مهمة لأنها تساعد الإنسان على نمو القدرات العقلية والفكرية لدى الإنسان وتؤدي إلى تكوين خلفية ثقافية تمكنه من التعامل مع مجتمعه بصورة سليمة، وعلى القيام بمهامه ووظائفه وواجباته، وبدوره في تطوير وتنمية مجتمعه.

7- أسلوب الممارسة العملية (التعلم بالعمل):

من الأساليب المهمة في التربية وقد عرفنا أن جميع التكاليف الإسلامية والمبادئ الأساسية تتطلب ممارسة وأسلوباً عملياً من جانب الإنسان، وقد دعا الإسلام إلى أن يتطابق سلوك المسلم مع ما في ضميره وعقله وعلى المربي المسلم أن يهتم بالجانب العملي التطبيعي وتنميته السلوك العملي القويم لدى طلابه، وأن يدرك أن أفضل أنواع التعلم هو الذي يكون عن طريق الخبرة

والتجربة المباشرة، ويجب على المعلم أن يوضح الجوانب الوظيفية والتطبيقية لما يتعلمه التلاميذ في واقع حياتهم الفردية والاجتماعية.

أغراض التربية الإسلامية :-

إن أغراض التربية الإسلامية واضحة جلية، لا غموض فيها ولا ليس وقد أوضحتها الآية الكريمة التالية، قال تعالى:" وابتغ فيما أتاك الله الدار الآخرة، ولا تنس نصيبك من الدنيا"[1] وكذلك اعمل لدنياك كأنك تعيش أبدا، واعمل لأخرتك كأنك تموت غدا.

من هنا نلاحظ إن التربية الإسلامية قد حصرت أغراضها في ما يلي:-

1- إرضاء الله بامتثال أوامره واجتذاب نواهيه، وبذلك تفوز بالجنة التي أعدها لعباده المؤمنين.

2- كسب العيش حتى يتحصل على أسباب البقاء واستمرارية البقاء والحياة، ولتقوى حتى يقوم بالعبادات والتكاليف.

(1) سورة القصص- الآية 77.

خصائص التربية الإسلامية

1. التربية الإسلامية شاملة ومتكاملة، تشمل كل الجوانب الإنسان باعتبار إن كل جانب يؤثر ويتأثر بكل جانب آخر.

2. التربية الإسلامية متوازنة فهي توازن بين التربية الروحية والعقلية والجسمية، وتوازن بين الحياة الدنيا والآخرة، بين الاستمتاع بالحياة الدنيا والاستعداد للحياة الآخرة توازن بين تربية الفرد وتربية المجتمع، وتراعي وحاجات كل منهما، وهكذا جمعت التربية الإسلامية، ووازنت بين تأديب النفس وتصفية الروح وتثقيف العقل وتقوية الجسم.

3. التربية الإسلامية فردية واجتماعية معاً، فتقوم على تربية الإنسان تربية فردية ذاتية تجعله يرفض التبعية والعبودية لغير الله سبحانه وتعالى، تربية على الفضيلة والخلق القويم والعلم النافع وعلى حسن التصرف، التربية الإسلامية تربي الإنسان تربية اجتماعية تقوم على التعاون، وإنكار الذات، ورفض النزعات القومية والعنصرية والإقليمية فالمسلم أخو المسلم، والمسلم للمسلم كالبنيان المرصوص يشد بعضه بعضاً، ولا يؤمن أحدكم حتى يحب لأخيه ما يحب لنفسه.

4. التربية الإسلامية تربية لفطرة الإنسان وتراعي الفطرة في عدة جوانب:-

أ. تنمية الميل الفطري إلى جانب الاستطلاع لزيادة المعرفة والرغبة في التعلم.

ب. أساس التكليف في الإسلام الاستطاعة اعترافاً بما يوجد من ضعف في الإنسان يقول تعالى :" لا يكلف الله نفساً إلا وسعها".[1]

ج. تقوم على أساس التوسط والاعتدال والبعد عن الإسراف في كل شئ.

د. تعمل على السمو بالإنسان والعلو من شأنه وذلك بتربيته على التحكم في غرائزه وشهواته ونزواته.

5. التربية الإسلامية تربية محافظة ومحددة فهي تحافظ على المبادئ والقيم السماوية الخالدة.

6. وبما أن الإسلام صالح لكل زمان ومكان فهي تربية متجددة لمواجهة متطلبات العصر وحاجات المسلمين.

7. التربية الإسلامية تربية مستمرة فهي لا تنتهي عند فترة زمنية معينة أو عند مرحلة عمرية وإنما تستمر طوال الحياة من المهد إلى اللحد.

8. التربية الإسلامية تربية متدرجة: فهي تهدف إلى بلوغ الهدف بالتدرج.

9. التربية الإسلامية تربية إنسانية عالمية لكل الناس في كل مكان، فهي بعيدة عن التعصب أو التمييز العرقي والاجتماعي فلا فضل لعربي على عجمي إلا بالتقوى وصالح العمل، التربية الإسلامية ليست لطبقة أو فئة معينة من الناس فهي لكل الناس في كل زمان ومكان، قال تعالى: "وما هو إلا ذكر العالمين".[2]

---

(1) سورة البقرة- الآية 286.

(2) سورة القلم- الآية 52.

طرائق التدريس في الإسلام

إن حرص المسلمين على تحفيظ الصغر لكتاب الله تعالى دفعهم إلى استخدام طريقة التلقين في التدريس حتى يتجنبوا حدوث اللحن والتحريف عند قراءته.

المبادئ التي تستند إليها طرائق التدريس

1- الانتقال من العام إلى الخاص:-

يرى ابن خلدون: إن تعليم الصغار يجب أن يبدأ بتقديم شرح عام مجمل يعقبه التفصيل التدريجي في المراحل التالية.

2- التدريج في السهل إلى الصعب ومن البسيط إلى المعقد:-

يرى ابن خلدون: إلا نبدأ مع المتعلم بالمعاني بل يجب أن نعلمه الأشياء في ابسط صورها ثم ننتقل بعد ذلك إلى التدرج إلى المستويات الأصعب والأكثر تعقيداً.

3- إيجابية المتعلم:-

يجب إتاحة الفرصة للتلميذ بدور إيجابي في العملية التعليمية والمشاركة في النشاط التعليمي.

4- مراعاة الفروق في الاستعدادات والقدرات:-

يرى ابن خلدون: إن هناك تفاوتاً بين الأفراد في مجال الاستعدادات والقدرات وان على المعلم أن يأخذ هذا في الاعتبار عند التدريس.

5- اقتران الحفظ بالفهم:-

يرى القابسي: إن التلميذ يجب أن لا ينتقل من سورة لأخرى حتى يحفظها كتابة وإعراباً لأن الإعراب والكتابة تعد من العوامل التي تساعد التلميذ على فهم المعنى.

6- استخدام الوسائل السمعية والبصرية:-

أوصى ابن خلدون: بضرورة الاستعانة بتقديم الأمثلة الحسية لمساعدة الصغار على الفهم وبالتالي لتسهيل عملية الحفظ.

7- مراعاة وحدة المادة المتعلقة:-

أشار ابن خلدون: إلى ضرورة الاتصال في مجال العلم حيث كان يرى أن انقطاع مسائل العلم تؤدي إلى نسيان المادة المتعلقة نتيجة لعدم ترابط أجزائها لذلك أوصى بدراسة الموضوع الواحد في جلسات متعاقبة التسلسل متقاربة الزمن.

8- الممارسة والتطبيق:-

كان المسلمون يربطون بين العلم والعمل: فالمناهج الدينية كانت تدرس نظرياً وتطبق عملياً في مجال العبادات بالنسبة للصلاة والصوم وغير ذلك من العبادات.

9- استخدام أساليب الثواب والعقاب:-

أدرك المسلمون الآثار السيئة التي تنجم عن الإفراط في استخدام أسلوب العقاب وقد نادى ابن خلدون بعدم التطرف في العقاب لأن

القسوة قد تؤدي إلى السلوك المرضي المنحرف كالخداع والكذب والخبث.

10- التكرار:-

يذكر القابسي أن طرق الحفظ ثلاث هي: التكرار والميل والفهم.

أشكال المدرسة العربية الإسلامية [1]

1. الكتابة لتعليم القراءة والكتابة: عندما تم تعريب الدواوين ظهرت وظائف جديدة تتطلب القراءة والكتابة.

2. الكتاب لتعليم القرآن الكريم ومبادئ الدين الإسلامي: أخذ الناس يتوجهون نحو تعلم القراءة والكتابة حيث كان يتركز منهاج الكتاب في القرآن الكريم الذي كان يقوم مقام كتاب للمطالعة ثم يختارون منه ما يكتبون ليتعلموا الكتابة ومعهما يتعلمون قواعد اللغة العربية وقصص الأنبياء.

3. التعليم في القصور: وجد نوع من التعليم الابتدائي بقصور الخلفاء والعظماء حيث كان أبناء هؤلاء يتلقون مناهج التعليم يشارك الأب في إعداده يتناسب مع ما ينتظر هؤلاء الأبناء من مهام وينتقل تلميذ الكتاب إلى طالب في حلقات المساجد.

4. حوانيت الوراقين: انتشرت هذه الحوانيت في الدولة العباسية حيث كان يعقد فيها المناظرات.

---

(1) عبد الله عبد النبي موسى – المدرسة الإسلامية – رسالة العم – العدد الثاني – السنة الحادية والعشرون – حزيران – 1978.

5. منازل العلماء: كانت تعقد حلقات علمية تعليمية.

6. الصالونات الأدبية: بدأت الصالونات في العصر الأموي واشتهرت في العصر العباسي.

7. البادية: تركزت ثقافة العرب في العصر الجاهلي في الأدب العربي من شعر ونثر وخطابة.

8. المسجد: لقد قامت حلقات الدراسة في المسجد فقد اتخذه المسلمون مكاناً للعبادة ومعهداً للتعليم وداراً للقضاء وساحة تتجمع فيها الجيوش ومنزلاً لاستقبال السفراء.

9. المدارس النظامية: لقد قام الوزير نظام الملك بإنشاء المدارس لنشر العلم ولتحرير عقول الناس مما علق بها من مذهب التشيع الذي نشره السلاجقة فعرفت هذه المدارس بالمدارس النظامية نسبة إلى نظام الملك.

آداب المعلم في نظر التربية الإسلامية

اشترط المسلمون في معلمي وأساتذة الأطفال شروطاً عديدة منها:-

1. أن يقصد الواحد منهم بعمله التهذيبي وجه الله تعالى وأن يكون اشتغاله بالتعليم في سبيل الله تعالى لإصلاح التلاميذ لا طمعاً في مال أو جاه.

2. أن يكون قوي اليقين بالله عز وجل وأن يقوم بإظهار شعائر الدين وأن يتحلى بمحاسن الأخلاق.

3. أن يقتصد في ملبسه ومطعمه ومسكنه.

4. أن يتشبه بأهل الفضل والدين من معلمي الصحابة والتابعين بحيث أن يتابع تحصيله ويوسع من آفاق تفكيره.

المربي المسلم[1]

رفع الله من شأن مهنة التربية والتعليم، فجعلها من ضمن المهام التي كلف بها الرسول – صلى الله عليه وسلم – قال تعالى: "لقد منّ الله على المؤمنين إذ بعث فيهم رسولاً من أنفسهم يتلو عليهم آياته ويزكيهم ويعلمهم الكتاب والحكمة وان كانوا من قبل لفي ضلال مبين" [2]، وأي منهج يحتاج أن يكون الذي يقوم بالتربية متحمساً لتطبيقه وكذلك هو الحال بالنسبة لمنهج التربية الإسلامية والمربي المسلم، ذلك أن التربية الإسلامية تقوم على المربي المسلم الذي يمارس الإسلام حقيقة، ويقتضي ذلك أن يكون المربي على علم بمبادئه وقيمه ومفاهيمه، وبالتربية الإسلامية بصورة عامة وبهذا يمكن أن نحدد الوظائف التي يقوم بها المربي المسلم ومن أهم تلك الوظائف:-

أ- التزكية: أي التنمية والتطهير والسمو بالنفس والمحافظة على توجيهها نحو طريق الخير، وهذا يقتضي غرز القيم والمثل العليا عند المتعلمين.

ب- التعليم: أي نقل المعلومات والعقائد، وإكساب المهارات لتكون موجهات للسلوك المرغوب ولكي يقوم المربي بوظائفه على النحو

---

(1) محاضرات د. أبو الحسن - مرجع سابق.

(2) سورة آل عمران- الآية 164.

المطلوب ينبغي أن تكون فيه صفات تؤهله للقيام بمهام تلك الوظائف من أهم تلك الصفات:-

1. أن يكون هدفه وسلوكه وتفكيره ربانياً كما جاء في قوله تعالى: "ولكن كونوا ربانيين بما كنتم تعلمون الكتاب وبما كنتم تدرسون"[1]، أي تنتسبون إلى الله تعالى بطاعتكم إياه وعبوديتكم له، وإتباعكم لشرعيته، وإذا كان المعلم كذلك فهو يستهدف من كل أعماله ونشاطه أن يجعل طلابه ربانيين فيرون عظمة الله تعالى ويستدلون عليها كل ما يدرسونه، ويخشون الله ويشعرون بعظمته عند دراسة كل سنة من سنن الحياة أو قانون من قوانين الطبيعة.

2. أن يكون المعلم مخلصاً فلا يقصد بعمله وسعة علمه وإطلاعه إلا مرضاة الله والوصول إلى الحقيقة أي الحق ونشره في عقول الناشئين وبدون إخلاص في العمل يصبح مجال التعليم مسرحاً لتضليل عقول الناشئين بدعوتهم إلى أفكار مضللة أو أفكار لا تناسب قيم المجتمع فلا يحق للمربي أن يوجه المتعلمين إلى المثل والقيم الخاصة به والتي لا تتفق مع قيم ومثل المجتمع.

3. أن يكون المربي صادقاً فيما يدعو إليه فيطبق ما يدعو إليه على نفسه وإذا طابق عمله علمه اتبعه طلابه، وجعلوه قدوة لهم في أقواله وأفعاله، وعدم صدق المربي قد يعلم الطلاب الرياء والتناقض في القول والفعل، قال تعالى: "يا أيها الذين

(1) سورة آل عمران- الآية 79.

آمنوا لم تقولون ما لا تفعلون، كبر مقتاً عند الله أن تقولوا ما لا تفعلون".[1]

4. أن يكون المعلم عادلاً بين طلابه فلا يميل إلى فئة منهم، ولا يفضل أحداً على أحد إلا بما استحق كل طالب حسب نشاطه واجتهاده، وليس حسب مكانته أو مكانة أسرته أو قبيلته أو جنسه وقد أمر الرسول - صلى الله عليه وسلم - بالعدل بين المتعلمين فقال: "أيما مؤدب ولي ثلاث صبية من هذه الأمة، فلم يعلمهم بالسوية فقيرهم مع غنيهم وغنيهم مع فقيرهم، حشر يوم القيامة مع الخائنين".

5. أن يجعل المربي العملية التربوية عملية سارة "مفرحة" ذات أثر طيب من نفس المتعلم، فيجعل الخبرة التربوية ممتعة، تجذب انتباه التلميذ، وتشبع حاجاته ورغباته، وتساعده على تحقيق أهدافه وبالتالي ترفع من معنوياته، وتزيد من حيويته ونشاطه وتحصيله، يقول تعالى: "ادع إلى سبيل ربك بالحكمة والموعظة الحسنة، وجادلهم بالتي هي أحسن"[2]، ويقول الرسول - صلى الله عليه وسلم - "إن من أحب الأعمال إلى الله إدخال السرور في قلب المؤمن".

6. أن يكون لدى المربي القدرة على الاهتمام بالآخرين فالاهتمام والرعاية عنصر ضروري من عناصر التربية ولابد أن يتوفر

---

(1) سورة الصف- الآية 2.

(2) سورة النحل- الآية 125.

في هذا العنصر أو هذه الصفة في المربي حتى ينجح في مهمته، وفي تحقيق الأهداف التربوية.

7. أن يكون المربي قادراً على المتابعة والتوجيه بصورة مستمرة، باعتبار إن التربية عملية مستمرة، فالاهتمام العابر لا يكفي فالتربية تحتاج إلى المتابعة والتوجيه بصفة مستمرة.

8. أن يراعي المعلم مستوى النمو الذي وصل إليه المتعلم، ودرجة استعداده للتعلم فيجب أن يخاطب تلاميذه على قدر عقولهم، وحسب مستويات إدراكهم وفهمهم فيقدم ما يناسب مستوى نضجهم الجسمي والعقلي والعاطفي، يقول تعالى: "لا يكلف الله نفساً إلا وسعها"[1]، يقول - صلى الله عليه وسلم - "نحن معاشر الأنبياء أُمرنا أن ننزل الناس منازلهم ونكلمهم على قدر عقولهم"، وعلى المعلم أن يراعي الفروق الفردية بين المتعلمين في جميع مظاهر نموهم.

9. أن يكون المربي على معرفة بمختلف أساليب التربية والتوجيه، عارفاً بالأسلوب المناسب للموقف والموضوع فالمعلم يحتاج أعداداً مهنياً ونمواً مستمراً في أثناء عمله أو أثناء الخدمة، فيكون على علم بأحدث أساليب التربية والتعليم والتي تقوم على مزيد من الفهم لكيفية حدوث التعلم عند التلاميذ.

10. أن يعمل المعلم على الربط بين الدراسة والنظرية والتطبيق العملي حتى يتكامل الجانبان، ويعمل على استغلال وتوجيه

---

(1) سورة البقرة- الآية 286.

النشاط الذاتي للطلاب، مما يساعد على تحقيق الأهداف التربوية المنشودة، ويعمل على تهيئة الفرص ليطبقوا ما درسوا نظرياً، وما عرفوه من قواعد وقوانين وحقائق عامة، حيث يعتبر أسلوب التربية بالعمل من الأساليب الأساسية للتربية الإسلامية.

11. أن يكون المربي إدارياً ناجحاً حازماً يضع الأمور في مواضعها، وإذا كان الحزم ضرورياً فان التسامح أيضاً ضروري على نفس المستوى، بحيث يشعر المتعلم بأن معلمه يحب له الخير، ويعمل من أجل مصلحته وسعادته، فالعملية التربوية يجب أن تتم في إطار من الحب والرفق والحسم، فقسوة المعلم على المتعلمين تنفرهم منه، فينبغي أن يجد المتعلم عند المعلم متسعاً لتقبله ولاستفساراته وتساؤلاته، سواء أكانت عملية أو علمية أو حياتية، يجب أن تكون لدى المعلم حصيلة وافرة من المعلومات والخبرات التي يمكن أن يقدمها للآخرين وخاصة فيما يتعلق بتخصصه، ملماً بطبيعة العلم الذي يدرسه، متفهماً لمحتواه وأصوله، وهو على وعي بما يستجد فيه، أو ما يحدث فيه من تطور وهذا يتطلب من المعلم الإطلاع الدائم والبحث المستمر فان التعمق في العلم يؤدي إلى القدرة على تبسيطه للناشئين، أما كثرة الأخطاء العلمية عند المعلم فتقلل من ثقة طلابه وقد تؤدي إلى استهتارهم به وبما يدعو إليه.

12. أن تكون للمربي شخصيته القيادية، فيشعر الناس نحوها بالتقدير والاحترام فيكون قدوة في مظهره وفي حضوره، وفي

انتظامه، وفي سلوكه بصفة عامة يقول ابن سينا موضحاً أهم الصفات التي يجب توافرها في المربي:-

أ. ينبغي أن يكون مؤدب الصبي عاقلاً.

ب. ذا دين، ذا مروءة ونظافة ونزاهة.

ج. بصيراً برياضة الأخلاق.

د. حاذقاً بتخريج الصبيان.

ه. وقوراً غير عابس ولا جامداً، حلواً، ليناً.

13. أن لا ينصب نفسه للتعليم حتى يستكمل أهليته ويشهد له أفاضل.

14. أن يغفر لتلاميذه خطاياهم فإن أراد تنبيههم على ذنوبهم أدبهم أولاً بالتلميح فإن لم يتعظوا صرح لهم، فإن لم يفدهم ذلك وبخهم.

15. أن يرحب بطلبته إذا حضروا إليه ويسأل عنهم إذا غابوا عنه.

16. أن يقول لا ادري إذا سئل عما لا يعرفه.

17. أن لا يدرس وهو منزعج النفس أو به ملل أو مريض أو جوع أو غضب أو نعاس.

أخلاق الطالب المسلم

1. الطالب المسلم يحافظ على شعائر الدين ومكارم الأخلاق.
2. الطالب المسلم يجد في الدراسة، وينشط في الحفظ والعمل.
3. الطالب المسلم لا يسأل أستاذه أسئلة تعنت وتعجيز، ولا يستنكف عن التعلم، ممن هو دونه من رفقائه إذا كان اعلم منه.
4. الطالب المسلم لا يعاشر غير إخوانه المجدين من الطلبة.
5. ينظر الطالب المسلم إلى أستاذه نظرة إجلال واحترام ... وتقدير وتبجيل.
6. الطالب المسلم يجل أستاذه في حضوره وغيبته.
7. يصبر الطالب المسلم على هفوات أستاذه أو جفوته أو سوء خلقه.
8. الطالب المسلم يلقي بسمعه إلى أستاذه فلا يحوجه إلى إعادة الكلام.
9. الطالب المسلم لا يسيء معاملة أستاذه أو يسخر منه.

الوحدة الخامسة

الإدارة الصفية

المقدمة:-

الإدارة الصفية فرع من فروع الإدارة المدرسية وتهدف إلى توفير تنظيم فعال داخل الغرفة الصفية وإن من مهمات الإدارة الصفية هي العمل على خلق جو تربوي يساعد كلاً من المعلم والطالب على بلوغ الأهداف التربوية المتوخاة، بأقل ما يمكن من الجهد والمال والوقت، إذ مهما كانت الظروف الأخرى متوفرة فلا يمكن أن تبلغ الهدف المنشود إلا إذا توفر للطالب جو تربوي مناسب، يشعر فيه بالأمن، والاستقرار، وتمنحه فيه حرية التعبير، ونشجعه على الأخذ بزمام المبادرة، ونحفزه على التفاعل الإيجابي مع معلمه ومع زملائه، وإذا لم يتوفر مثل هذا الجو أدى بالطالب إلى التبرم والضيق، والعزوف عن التفاعل دخل الصف، وقد يحاول خلق المشكلات أو الانعزال.[1]

يعتبر تنظيم البيئة عنصر أساسياً من عناصر إدارة الصف، ونقصد بالتنظيم، ما يقوم به المعلم كخطوة تلي التخطيط وتسبق التنفيذ، وهذه الخطوة التي يتجاوزها كثير من المعلمين تكتسب أهمية خاصة في ظل المفهوم الحديث للتعليم، حيث يطلب من المعلم التقليل من التعليم المباشر، واستخدام أساليب التعليم غير المباشر، وذلك بتنظيم بيئة المتعلم ووقته، واستخدامه للوسائل والمواد ومصادر المعلومات، وتوجيه عمليات الإكتشاف بهدف غرس حب التعلم الذاتي في نفوس الطلاب.[2]

---

(1) عدس، محمد عبد الرحمن، الإدارة الصفية المنفردة، الطبعة الأولى، دار مجدلاوي، عمان 1995، ص (35-36).

(2) شقشق والناشف، د. محمود عبد الرزاق، د. هدى محمود، إدارة الصف المدرسي، دار الفكر العربية، القاهرة، ص (208-209).

أهمية الإدارة الصفية

تكمن أهمية الإدارة الصفية من خلال عملية التفاعل الصفي تلك العملية الإيجابية بين المعلم وطلابه والنشاطات المنظمة والمحددة والتي تتطلب ظروفاً مناسبة تعمل الإدارة الصفية على تهيئتها.

وإن البيئة الصفية تؤثر في عملية التعليمية وعلى الحالة النفسية للتلاميذ.

إن الطالب لا يتلقى المعلومات في غرفة الصف فحسب ولكن ينمي مهاراته ويكتب اتجاهات جديدة ويزداد ثقة نفسه وتحملاً للمسؤولية وكل هذا بحاجة إلى إدارة صفية تكون صالحة لحدوث هذه الأمور وتلك التغيرات في السلوك الإنساني، والبيئة الصفية إن خلت من الإدارة الفاعلة خليت من التعلم ولم تحقق الأهداف المرجوة، وحلت الفوضى وشاع العبث، وضاع النظام وكل ذلك أثره بيئي على الطالب الذي هو محور العملية التربوية، وعلى شخصيته التي هي بحاجة إلى صقل وإشباع لكل جوانبها العلمية والاجتماعية والروحية والانفعالية والعقلية.

الإدارة الصفية عملية بناء للإنسان، يتخرج الإنسان وقد عدّل أو طور أو غير من سلوكه وازداد معرفة، ولا نعني بالإدارة الصفية الفاعلة هي التسلط أو القهر وإفراد العضلات من قبل المعلم على طلابه ولكنها القيادة الناجحة التي توجه الإنسان وتهتم بالعلاقات الإنسانية التي تجمع ولا تفرق، التي تبني ولا تهدم، ولا تغلب جانباً على الآخر، فالغرفة الصفية يمكن أن يطلق عليها بحق مصنع الرجال وتتخرج منها قيادات الأمة التي ستحمل على عاتقها أعباء المسؤولية وقيادة الأمة بما تسلحت به من أخلاق حميدة وقيم مثلى واتجاهات نبيلة، وتزود بالعلوم النافعة وتكونت لديه حب المواطنة الصالحة والإنتماء للوطن.

دور المعلم قديماً وحديثاً في إدارة الصف [1]

المعلم قديماً:-

كان دور المعلم قديماً يقتصر على تحقيق الكفاية التعليمية والمعرفية، و نقل التراث للأجيال الجديدة، ولما كان المعلم هو المصدر الأساسي والوحيد للمعرفة والمعلومات، كان عليه أن يقوم بعملية الضبط والنظام في الغرفة الصفية حتى يتم نقل المعلومات إلى الطالب باستخدام أسلوب التلقين فكان اهتمام المعلم يتركز على التحصيل.

المعلم حديثاً:-

نظراً للتغيرات والتطورات التي طرأت على دور المدرسة الذي أصبح ينصب حول الطالب ونموه المتكامل من جوانب الشخصية المتعددة العقلية والجسمية والنفسية والانفعالية لذا صار من واجب المعلم أن يؤدي ما يلي:-

أ- الاهتمام بالطالب الذي هو محور العملية التربوية من جميع جوانبه (الجسمية والعقلية والانفعالية والاجتماعية).

ب- التركيز على مشكلات الطالب التحصيلية والنفسية.

ج- التخطيط الجيد لعمليات التعليم والتعلم.

د- تشجع الطلبة على التعاون والمشاركة في الأنشطة الصفية.

---

[1] JACOBSON, D., Eggeng' P., and Kauchak, D., 1993. 1993. methods of teaching. A. skills approach 4 edition , NewYork.

هـ- توفير المناخ الديمقراطي.

و- توفير الدافعية والمحافظة عليها.

ز- حفظ النظام.

ح- تقديم الخدمات الإرشادية للطلبة.

ط- التعرف على مستويات الطلبة وقدراتهم واستعداداتهم وميولهم واهتماماتهم.

ي- تزويد الطلبة بتغذية راجعة على أدائهم.

وحتى يستطيع المعلم أن يؤدي هذه الأمور، وحتى تكون إدارته للصف فاعلة عليه أن يقوم بما يلي:-

1. احترام الطلبة: وهذا الاحترام لا يتحقق إلا إذا سلك المعلم سلوكاً يؤدي إلى ذلك مثل التخطيط السليم للدرس وتشجيع الطلبة والابتعاد عن تحقيرهم والتعرف على الطلبة بأسمائهم.
2. قدرة المعلم على البقاء واعياً باستمرار لما يحدث في الغرفة الصفية مع المحافظة على المرونة والحد من انتشار الفوضى.
3. التنظيم: إن تنظيم المعلم لعمله داخل الغرفة الصفية ينعكس إيجابياً على المناخ الصفي مما يؤدي إلى تقليل المشاكل الإدارية، أما عدم تنظيم الموضوعات الدراسية وتكرارها

والتشعب أو الخروج عن موضوع الدرس فهو يؤدي إلى ظهور المشاكل.

4. تنوع الأساليب والأنشطة داخل الحصة بما يراعي الفروق الفردية يؤدي إلى إشراك الطلبة في التفاعل الصفي والواجبات الصفية، فالتفاعل الصفي يؤدي إلى إنشغال الطلبة والتخلص من المشاكل الإدارية أو عدم التفكير بها.

5. الإنتقال التسلسل: جب على المعلم أن لا ينتقل من نشاط لآخر في الحصة الصفية إلا إذا تأكد أن الطلاب في حالة انتباه وان يشرح الأهداف المتعلقة بالنشاط الجديد.

6. الأوقات الفاصلة: وهي بداية الحصة ونهايتها والدقائق الأخيرة من الحصة التي تسبق الفرصة أو نهاية العام فيجب أن يتخذ المعلم قرارات مناسبة.

أسباب المشكلات الصفية

المشكلات هي سلوك من الطالب غير مقبول به، وهذا السلوك قد يكون مقبولاً عند معلم ما، وقد يكون السلوك نفسه عند معلم آخر سيئاً غير مقبول، لذا فالمعلم هو الذي يحدد فيما إذا كان السلوك مقبولاً أو غير مقبول، وهو الذي قد يترتب على إحداثه مشكلة صفية أو لا تحدث، فإذا اعتبر المعلم السلوك سيئاً قد يترتب عليه مشكلة صفية، وإذا اعتبر المعلم السلوك مقبولاً، يمر ذلك السلوك دون أحداث مشكلة صفية.

إن السبب في إحداث المشكلات الصفية هو واحد مما يلي:-

أ- **مشكلات تنجم عن المعلم:** أي أن المعلم هو المسبب بحدوثها نتيجة لسلوك خاطئ أقدم عليه، أو سلوك جيد أغفله وأهمله منها:-

1-**الإدارة الصفية المتسلطة:** أن المعلم الذي يدخل الصف وفي ذهنه إن المناخ الصفي الجيد هو الذي يسوده الهدوء التام فتسمع لصوت الإبرة إذا وقعت على الأرض، إن المعلم الذي يثيره أدنى الأصوات، فإذا تكلم تلميذ مع جاره تراه يثور، أن المعلم الذي يضع في ذهنه أن الإدارة الصفية الناجحة تتم عندما يهيمن على حركات وسكنات طلاب صفه مثل هذا المعلم يتصرف هكذا ظناً منه أن هذه هي الطريقة المثلى لإدارة الصف سوف يقع في الذي هو يحذر منه وتصرفه هذا سيخلق المشاكل وسيفتح على نفسه باباً لا يقوى على إغلاقه. المعلم الذي يوفر المناخ الصفي الملائم لإجراء التعلم الفعال، المناخ الديمقرطي هو المعلم الحريص على وأد المشكلات الصفية في مهدها، هو المعلم الحريص على معالجة المشكلات الصفية حتى قبل وقوعها، عليه أن يتحلى بالصبر وطول النفس، ويضبط أعصابه فلا يثور لأتفه الأسباب، عليه أن يتجاوز عن بعض الحركات مثلاً، إذا نظر طالب من النافذة، أو رآه ينظر إلى الخلف، أو قام من مقعده وذهب لأخذ قلم من جاره عليه أن ينبهه إلى عدم تكرار ذلك أولاً بالإشارة، أو الرمز كتعبير الوجه مثلاً أو التلميح كأن يقول أنا لا أحب الذي ينظر من النافذة أو يجب أن ينظر الجميع إلى السبورة والمعلم ويتجنبوا النظر من خلال النوافذ ويمكن للمعلم أن يهمل هذا السلوك.

2- **عدم التخطيط الجيد والإعداد الأمثل:** هذا الوضع يثير الفوضى ويخلق المشكلات الصفية ذلك لأن المعلم يرتجل خطوات الدرس ارتجالاً؛ فيتخبط في خطواته فلا الخطوة الأولى كانت في البداية الملائمة ولا هي أسلمت الطلاب وانتقلت بهم إلى الخطوة الثانية لذا ترى طلاب الصف مشتتين غير منتبهين، فلا تشويق في الدرس ولا عامل جذب انتباه، فينشغل الطالب بما يراه هو ينفس عن حاجاته المكبوتة التي لا تجد لها متنفساً عند المعلم، فينظر من النافذة، يتكلم مع زميله، يفتعل الحركات؛ ليلفت الأنظار إليه فالمعلم والحالة هذه بين أمرين إما أن يسكت عن هذه الحركات فتعم الفوضى ويصبح المناخ المدرسي غير ملائم للتعلم والتعليم، أو أن يعمد إلى الصراخ والصوت المرتفع والتهديد والوعيد وإما بالعلامات أو الإنذار أو النقل التأديبي عن طريق مجلس، وأي كانت الحالة فلا الطالب يكف عن حركاته وإنما تكون بداية المشكلات لأن الاحترام متوفر ولا جو الغرفة الصفية يصلح للتعلم.

لذا انصح الزميل الكريم بأن يحسن الإعداد لدرسه تخطيطاً وتحضيراً؛ حتى لا يدع فرصة للطلبة للعبث أو حتى التفكير بإثارة المشكلات وقد قيل إن لم تشغل الطالب شغلك، أي أن لم تشغل الطالب بما يفيده وينفعه لا يمكن أن يحترمك أو ينصت لما تقول لذا فهو يترك لنفسه العنان في الحركة والكلام الخارج عن الدرس.

3- **معاملة المعلم للطلبة:** على المعلم أن يعامل طلابه بالعدل والمساواة، وان يخاطبهم بأسمائهم، فلا ينادي أحدهم بصاحب

القميص الأحمر أو الشعر الطويل أو الأسمر لأن ذلك يولد في نفسه الغيرة من زملائه، والحقد على معلمه ويدفعه ذلك إلى إفتعال المواقف المقبولة ليثير حفيظة المعلم انتقاماً منه وتأثراً لما يعتبره كرامته.

فالمعلم الإداري الناجح هو الذي يخلق الجو الديمقراطي، الجو الذي يسوي بين الجميع فلا تمييز ولا اهتمام لأحد على حساب أحد، والكل عند المعلم سواسية، ينظر إليهم من منظار واحد.

ب. مشكلات تنجم عن سلوك الطالب: المعلم الناجح ليس الذي يحسن حل هذه المشكلات ولكن المعلم الناجح هو الذي يبحث في أسبابها لتلافيها وعدم تكرارها، وأسباب هذه السلوكات الطلابية تتنوع، فقد يكون سببها التقليد ومحاكاة الآخرين ومجاراتهم من أجل حب الظهور ولفت أنظار الآخرين له، أو شعر الطالب بعدم الراحة والأمان، والطمأنينة في الغرفة الصفية، وقد يكون مَرَدّ ذلك المعلم أو طالب آخر وقد يكون هذا السلوك في الغرفة الصفية، حيث يسخر الطالب كل طاقاته في كيفية عرقلة سير الدرس وإثارة المشاكل والنيل من المعلم وزجه بالمشكلات الصفية المفتعلة، وهذا يحدث خاصة عندما يعلم الطالب إن المعلم سهل الإستثارة وسريع الغضب، فيشعر الطلاب بمتعة لدى جره إلى مواقف الغضب ويجدون في ذلك ضالتهم، وقد يحضرون هذه المواقف قبل الحصة، ويقسمون الأدوار فيما بينهم، هذا يبدأ، وهذا يثني وهكذا ينقلون المعلم من كونه مؤدباً مهذباً إلى شخص آخر، وقد يتفوه بكلمات لا تليق وقداسة المهنة التي يشغلها.

ج- **المشكلات الناجمة عن الأنظمة والمثيرات الصفية:** إذا لم يحسن المعلم اختيار الأنشطة واستخدامها في الوقت المناسب أو إذا لم توجد هناك مثيرات البتة أو إذا كانت هذه الأنشطة لا تتناسب وقدرات الطلبة أو المادة الدراسية فإن ذلك يدفع الطالب إلى الإحباط وبالتالي افتعال المشاكل والسلوكيات غير الملائمة وغير المرغوب فيها، كذلك تعمل كثرة الواجبات المدرسية التي يعتبرها الطالب تثقل كاهله على سلوك سيء من الطلبة، لذا على المعلم أن يحرص على وجود الأنشطة والوسائل المناسبة ويقنن في الواجبات حتى يكون مناخاً ملائماً.

الوحدة السادسة

طرائق التدريس المختلفة

الوحدة السادسة

طرائق التدريس المختلفة

- المحاضرة
- الإلقاء
- طريقة المناقشة
- طريقة القصة
- طريقة حل المشاكل
- طريقة المجموعات
- الاستقصاء
- تفريد التعليم
- لعب الأدوار
- التعليم المبرمج
- التكامل والترابط
- التعليم بواسطة الحاسوب

طريقة المحاضرة [1]

المحاضرة:

عملية اتصال بين شخص وعدة أشخاص حول موضوع معين أو فكرة محددة وتعتبر المحاضرة من أقدم طرائق التدريس وتصلح هذه الطريقة في المراحل التعليمية المتقدمة كالمرحلة الثانوية والدراسات الجامعية أكثر من المراحل الأساسية والدنيا، وتصلح هذه الطريقة في المواد النظرية أكثر من المواد العملية ويشترط في المحاضر أن يكون متخصصاً في مادة أو موضوع المحاضرة ولا تزال هذه الطريقة أكثر استخداماً لكونها الأسهل من غيرها.

ميزاتها:-

1. تعطي معلومات كثيرة في وقت قصير.
2. تصلح عندما يكون عدد المتعلمين كبيراً.

عيوبها:-

1. تجعل المتعلم سلبياً في عملية التعلم حيث لا يتم فيها أي تفاعل بين المحاضر والمتعلمين.

(1) هندي- صالح ذياب- وزميله - دراسات في المناهج والأساليب العامة - ط3-1984- عمان.

2. نظراً لطول المحاضرة عادة ولصعوبة بقاء التركيز والانتباه لنهاية المحاضرة فقد يكون المستفيدون فيها قليلين.

3. لا تنمي العلاقات الاجتماعية بين المحاضر والمتعلمين لانعدام التفاعل بينهما.

4. لا يتلقى المتعلمون تغذية راجحة لعدم وجود عملية التقويم.

الأهداف الرئيسة لطريقة المحاضرة:-

1. نقل المعلومات والمهارات إلى المتعلم.
2. توضح الأفكار والمعلومات للمتعلمين.
3. إحداث فهم معين لدى المتعلمين.
4. إثارة اهتمام المتعلمين حول نقطة حيوية.

أثر تحديد موضوع المحاضرة:-

إن تحديد موضوع المحاضرة أو مشكلتها تحديداً دقيقاً يجعل المتعلمين يتابعون المحاضر في الأفكار والمعلومات التي يطرحها وفي الخطوات التي يتبعها، والنقاط التي يشير إليها، فيبعد الملل والسأم، فنرى المتعلمين يكتبون ويلخصون.

كيفية إثارة اهتمام المتعلمين بالمحاضرة.

أ- إفساح المجال أمام طرح سؤال أو مشكلة تتحدى تفكير المتعلمين وتثير الحيرة لديهم.

ب- ربط الهدف الذي يريد المحاضر تحقيقه بأهداف الطلاب واهتماماتهم.

ج- ربط المعلومات التي سيطرحها المحاضر مع المعلومات والخبرات السابقة لدى المعلمين.

د- ربط المعلومات بواقع المتعلمين.

ه- هـ- إعطاء العديد من الأمثلة حتى تتضح الصورة إلى أذهان المتعلمين.

و- ز- استخدام الوسائل التي تساعد على تحقيق الهدف.

ز- و- إضفاء روح المرح والدعابة الخفيفة.

كيفية تقديم المحاضرة:-

1. إبراز النقاط الرئيسة المراد تناولها في المحاضرة.
2. تفصيل النقاط المشار إليها أولاً نقطة تلو الأخرى مع توضيحها بضرب الأمثلة التوضيحية واستخدام الوسائل المعينة.
3. تلخيص الأفكار الرئيسة الواردة في المحاضرة.

صفات المحاضر الناجح:-

1. يستخدم اللغة السليمة والبعد عن استخدام العامية أو الغريب في اللغة الفصحى.

2. يلاحظ ردود فعل المتعلمين جيداً.

3. الاتزان في حركاته.

4. القدرة على تغيير نبرات صوته.

المهارات الأساسية للمحاضر:-

1. الإعداد الجيد للمحاضرة من حيث المحتوى والوسائل المعينة.

2. عرض المعلومات وتقديمها بوضوح.

3. استخدام الأمثلة التوضيحية.

4. إثارة اهتمام المتعلمين حول موضوع المحاضرة.

5. التوجيه: افتتاح المحاضرة والدخول في الأفكار الرئيسة والفرعية.

6. الإغلاق: التلخيص وربط العناوين والمواضيع ووضع الخاتمة.

7. استخدام الوسائل والتقنيات.

كيف تعمل على إنجاح المحاضرة:-

على المحاضر أن يهتم بالأمور التالية:-

1. نوعية الطلاب من حيث قدراتهم واهتماماتهم وخبراتهم ومراعاة استخدام وسائل الاتصال اللفظي المفهومة لديهم.
2. وقت المحاضرة: فالمحاضرة التي تعطي في الصباح تختلف عن تلك التي تعطي في المساء، والتي تبدأ بعد إجازة معينة تختلف عن تلك التي تكون قبل الإجازة وهكذا.
3. إتاحة فرصة للمتعلمين لطرح الأسئلة بعد مرور 20 دقيقة لإبعاد الملل والسأم وإثارة الدافعين.
4. الانتقال بوضوح من نقطة لأخرى وربط هذه الأفكار.
5. التخطيط لاستخدام الوسائل: إن استخدام الوسائل يثير انتباه المتعلم ويجب أن يكون هذا الاستخدام في الوقت المناسب.

الإلقاء:- [1]

يقوم المعلم بشرح الدرس بينما يكون المتعلمون منصتين تماماً. فالمعلم ينقل المعلومات أو يفسر المصطلحات أو يصف الحوادث وتقسم إلى:-

أ- المقدمة: وهي تهيئة عقول المتعلمين للدرس وربطه بالدرس السابق وتكون قصيرة.

ب- عرض المادة: وتأخذ معظم وقت الحصة.

ج- الإستنباط حيث يتوصل المعلم إلى القوانين.

طريقة الإلقاء:-

تناسب الأطفال الصغار جداً خاصة الذين لا يملكون الكتابة أو القراءة وهي تناسبهم في موضوعات مثل سرد القصص، أو وصف بعض المشاهدات أو شرح بعض الحوادث.

وتتأثر هذه الطريقة بالمعلم نفسه من حيث الصوت والحركات.

ميزاتها:-

1. تصلح عندما تكون المادة الدراسية مطولة ويتعذر إنهائها في الوقت المقرر.

---

(1) عبد المجيد، د. عبد العزيز – التربية وطرق التدريس – ج1-ط12- دار المعارف بمصر.

2. تنمي عند الطالب القدرة على حفظ المعلومات واستظهارها.

3. وسيلة ناجحة لتقديم موضوع جديد أو فكرة جديدة إذا لم تتوافر وسائل تعليمية مناسبة.

4. تساهم في إغناء خبرات التلاميذ، حيث يستطيع المعلم إغناء مادة المنهاج المقرر بخبراتهم.

5. يمكن للمعلم أن يختصر من المادة المقررة، أو يضيف إليها فهو لا يتقيد بكلمات الكتاب.

عيوبها:-

تجعل الطالب سلبياً متلقياً للمعلومات معتمداً على المعلم.

1. تعتبر منهكة للمعلم.

2. لا تنمي مهارة الإبداع لدى المتعلم.

3. تهمل ميول المتعلمين ورغباتهم وفروقهم الفردية.

4. عملية التقويم الختامي خاصة معدومة وبالتالي فليس هناك تغذية راجعة.

5. تشعر المتعلمين بالملل وعدم الإقبال على المادة.

6. تعمل على عدم استخدام التفكير.

الأسس التربوية لطريقة الإلقاء:[1]

يقوم المعلم بالدور الأساسي في عملية التعليم، ذلك لأنه يعد المادة الدراسة ويحفظها وينقلها للطلاب.

1. يستند هذا الأسلوب إلى التعليم الجمعي حيث يشرح المعلم المادة لجميع الطلاب بأسلوب واحد.
2. تهمل هذه الطريقة الفروق بين الطلاب.
3. يكون صوت المعلم هو المسموع أكثر من غيره.

(1) التخطيط الدراسي- الطبعة الثانية – راضي الوقفي وزملاؤه- عمان 1979.

طريقة المناقشة

يكلف المعلم طلابه بتحضير المادة الدراسية في البيت، ثم يعد المعلم أسئلة حول موضوع المادة يقوم بطرحها على طلبته ومن خلال إجاباتهم يتعرف على مدى فهمهم لما حضّروه.

الميزات:-

1. يتعرف الطالب على مواطن القوة لدى طلبته فيعززها ويتعرف على مواطن الضعف فيتلقاها.
2. تنمي عند الطالب الجرأة في الكلام والتحدث أمام الآخرين، وبالتالي تصقل شخصيته.
3. تثير الدافعية لدى الطلبة وتضفي على العملية التربوية نشاطاً وحيوية وتبعدها عن التقليد والجمود.
4. تعطي الطلبة تغذية راجعة.
5. تزيد من التفاعل الصفي من قبل الطلبة.
6. تكسب القدرة على تعزيز التفكير الناقد لدى الطلبة. والقدرة على تعزيز المعلومات التي يمتلكها الطالب.

العيوب:-

1. قد لا يقوم جميع الطلبة بتحضير المادة الدراسية وبالتالي سوف يقتصر التفاعلي الصفي على عدد محدود من الطلبة الذي حضروا المادة الدراسية.
2. تقتصر الأسئلة على المعلومات الواردة في الكتاب المدرسي ولا تتعداه.

مسؤولية المعلم التنفيذية (1)

1. تحديد موضوع النقاش.
2. التمهيد للمناقشة.
3. توجيه مشاركة الطلبة، وتحديد أدوار واضحة في المناقشة.
4. تلخيص ما يتم التوصل إليه.
5. التدخل في المناقشة بدرجة محدودة.
6. التسامح حول تغيير الآراء وقبول الآراء المختلفة في النقاش.
7. إتاحة الفرصة أمام المشاركين في النقاش للمشاركة وتجنب المقاطعة.
8. التدرب والتدريب على الإصغاء والإهتمام بما يقوله الطلبة أثناء عملية المناقشة.
9. طرح الأسئلة في الوقت المناسب.
10. التركيز على الحديث بصوت مسموع وواضح، واستخدام عبارات مفهومة لا تحتاج إلى توضيح لدى المجموعة.

طريقة القصة

يقوم المعلم بإتباع هذه الطريقة في المراحل الدراسية الأساسية الدنيا خاصة بحيث تظهر تفاعل المعلم مع إحداث القصة على وجهه وفي نبرة صوته، مختاراً في ذلك الكلمات البسيطة والجمل التي تتناسب ومستوى المتعلمين. وهي تصلح للصغار والكبار.

ميزاتها:-

1. تساعد على جذب انتباه المتعلمين وتشويقهم إلى الدرس.
2. تنمي الإتجاهات الإيجابية لدى المتعلمين.
3. تعود الطلبة على الجرأة في التحدث أمام الآخرين.
4. تعمل على اتساع خيال المتعلمين.
5. تزود الطلبة بثروة لغوية.

فوائدها: (1)

1. تساعد على تثبيت المعلومات وزيادتها.
2. تتمشى مع طبيعة الطلبة وتحبب إليه المادة وتشجع ميوله الطبيعية وتستميل عواطفه.
3. تبعث في الدرس روح الحياة فيصبح شائقاً وجذاباً.

4. في القصة استجمام لقوى الطفل: العقلية والجسمية وتجديد لهما.

5. تقوي الصلة بين المدرس والطالب فتبعث في التعليم روح الحب المتبادل بين المعلم والطالب.

6. في القصة نوع سامي من التربية الخلقية فهي تزيد من خبرات الطالب بطريق غير مباشر وتجعله يكون لنفسه مُثلاً عليا خلقية.

طريقة حل المشكلات

إن هذا الأسلوب لا يصلح لجميع الموضوعات المقررة في المنهاج، وعلى المعلم أن يختار الموضوع الذي يناسبه هذا الأسلوب.

تهدف هذه الطريقة إلى تنمية عدد من المهارات الفكرية أو الأدائية وتصلح هذه الطريقة لتدريس مواد العلوم والرياضيات والتربية والإجتماعية والوطنية.

خطوات طريقة حل المشكلات:-

1. مرحلة التخطيط: تشمل ماهية المشكلة وتحديدها.
2. مرحلة التنفيذ: تحتاج إلى أعداد مسبق الأدوات والمواد اللازمة وتجريب الحلول.
3. مرحلة الاستنتاج أو التقويم: التأكد من صحة النتائج، كما هو الحل الصحيح.

ميزات استخدام طريقة حل المشكلات:-

1. تنقل مسؤولية التعلم من المعلم إلى الطالب.
2. إثارة الدافعية للتعلم.
3. تنمية المعلومات لدى الطلبة.

4. تنمية جوانب الفكر.

5. تفعيل دور الطالب.

6. يعتبر المعلم أحد مصادر التعلم وليس المصدر الرئيس فيها.

7. تفعيل دور كل من المختبر والمكتبة.

عيوبها:-

1. لا يوجد عند جميع المعلمين الكفايات اللازمة لتنفيذ هذه الطريقة.

2. الطلاب ذوي القدرات المحددة يجدون صعوبة في التعليم بهذه الطريقة.

3. عدم توفر أدوات أو أجهزة كافية لتلبية حاجات الطلبة المتفوقين.

الأمور التي يجب أن يراعيها المعلم:-

1. وضوح الأهداف قبل استخدام هذه الطريقة.

2. أن يعي المعلم الخبرات التعليمية السابقة لدى الطلاب قبل وضع المشكلة.

3. أن يكون الوقت المتاح لحل المشكلة كافٍ.

دور الطلبة (دور المجموعات):-

1. اقتراح حل أو أكثر للمشكلة.
2. وضع مخطط لتجريب الحل أو الحلول المفترضة.
3. تحديد المشكلة وصياغتها وبلورتها.
4. تجريب الحل المقترح.
5. تقويم النتائج التي حصلت عليها لتحري فيما إذا توصلت للحل الصحيح.
6. تقارن عملها بأعمال المجموعات الأخرى.
7. تقدم كل مجموعة تقارير عن سير العمل في المجموعة.

طريقة التدريس باستخدام المجموعات

يقوم المعلم بتوضيح موضوع الدرس وأهدافه بصورة إجمالية في بداية الحصة ويوضح الأعمال التي سيتناولها في درسه ويوزعها على المجموعات كل مجموعة حسب رغبتها.

يقوم المعلم بتقسيم طلبة صفة إلى مجموعات يتراوح عدد أفراد كل مجموعة من 3-5 طلاب وكلما كان عدد أفراد المجموعة الواحدة قليلاً كانت النتيجة افضل ويقوم طلاب المجموعة الواحدة بتنفيذ عمل او مهمة يحددها لهم المعلم، ويتعاون أفراد كل مجموعة على إنجازها معاً بروح الفريق الواحد، وتختار كل مجموعة طالباً واحداً من بينهم ليكون بمثابة الناطق باسمها يعرض ما توصل غليه أفراد مجموعة على المجموعات الأخرى، وبعد أن تنفذ كل المجموعات ما أوكل لها من مهام يقوم المعلم بإجراء تقويم ختامي لمعرفة مدى تحقيق الأهداف المرجوة والمخطط له مسبقاً.

ميزات هذه الطريقة:-

1. إثارة تشويق المتعلمين وزيادة اهتمامهم بالمدرس.
2. تراعي الفروق الفردية بين المتعلمين.
3. تعود المتعلمين التعاون والاعتماد على النفس.
4. تبادل الفائدة حيث يتعلم بطيئو التعلم من زملائهم فيتحسن مستواهم.
5. تعود المتعلمين احترام آراء بعضهم البعض.

الكفايات الواجب توافرها عند المعلم:-

1. الإعداد الجيد والتخطيط الأمثل للدرس قبل تطبيق الحصة.

2. القدرة على المحافظة على النظام الصفي.

3. القدرة على ضبط تحركات المتعلمين.

أدوار المعلم:-

يعمل المعلم كمستشار للعملية التعليمية وموجهاً لها لذا فهو يقوم بما يلي:-

1. يتنقل بين المجموعات مراقباً وملاحظاً وموجهاً فلا يقضي وقته عند مجموعة دون المجموعات الباقية.

2. يناقش أفراد المجموعة حول الأمر الذي كلفوا بتنفيذه، ويزودهم بالمعلومات أو التوضيحات المطلوبة للتوصل إلى تنفيذ العمل.

3. يرشد المجموعة إلى مصادر تعلم إضافية إن طلبت ذلك.

العوامل المساعدة على تنفيذ طريق المجموعات:-

1. المناخ الصفي: يجب أن يسود الهدوء والانضباط الغرفة الصفية ذلك لأن الفوضى تعيق العمل وبالتالي لا يكون الأداء كما أريد له أن يكون.

2. وقت الحصة: على المعلم الناجح أن يحسن الإعداد والمهام المطلوب تنفيذها ويحدد لها الزمن المناسب بحيث لا يعد مهاماً تحتاج إلى أكثر

من حصة وان يخصص الجزء الأخير من الحصة لمناقشة نتائج عمل المجموعات ويلخصه.

3. حجم الغرفة الصفية وأثاثها: على المعلم أن يأخذ باعتباره حجم الغرفة المراد تنفيذ الحصة فيها وكذلك سهولة حركة المقاعد.

4. عدد المعلمين: يقسم المعلم طلبته إلى مجموعات فكلما زاد عدد المجموعات كانت الفائدة أفضل.

5. تعزيز الطلبة المجيدين وذلك حتى يشعروا بالثقة والاعتماد على النفس وبالتالي الشعور بالمسؤولية والتزام بالعمل.

الاستقصاء

تعتمد هذه الطريق على توجيه طريقة التفكير من الجزء إلى الكل فيقوم المعلم بوضع الطالب في موقف مشكل يتحدى تفكيره شريطة أن لا يكون بسيطاً يستخف الطالب منه ولا معقداً فيحدث عند الطالب إحباط وإنما يكون مناسباً لقدراته العقلية والجسمية.

ميزاتها:-

1. تشحذ التفكير لدى الطلبة.
2. تناسب الطلبة المتفوقين والوسط.
3. تعود الطلبة أنماط التفكير المختلفة.
4. تعطي الطلبة القدرة على حل المشكلات التي تواجههم بشكل مناسب.

شروطها:-

1. أن يكون الوقت مناسباً وكافياً مع مراعاة الفروق الفردية لدى الطلبة.
2. أن يبنى الاستقصاء على فرضيات يحددها الطلبة.
3. أن يقوم الطلبة باختيار صحة هذه الفرضيات بأنفسهم ومن ثم التوصل إلى الناتج.

خطوات إجراء المهارات العلمية:-

1- طرح الأسئلة: ويجب أن تتصف هذه الأسئلة بما يلي:-

أ. أن تكون في مستوى فهم التلاميذ وبلغة سهلة واضحة.

ب. أن تكون قصيرة في صياغتها.

ج. أن لا يعمد المعلم إلى تغيير صياغة السؤال الواحد أثناء إلقائه.

د. أن تثير تفكير التلاميذ.

ه. الابتعاد عن الأسئلة التي تكون إجاباتهم نعم أو لا .

و. تشجيع الطلبة أثناء إجاباتهم فلو أخطأ طالب في إجابته على المعلم أن يشجعه فلا يقول خطأ بل يطلب إجابة أكثر توضيحاً.

ز. عدم إثارة سؤالين في وقت واحد.

ح. تشجيع الطلبة ذوي القدرات المحدودة بتوجيه أسئلة تكون إجاباتها بسيطة ليشعر بالثقة بالنفس.

ط. أن تخلو الأسئلة عن أشياء تدعو إلى التخاذل والتراخي مثل من يعرف...؟ أريد طالباً يجيب عما يلي....

ي. يجب الانتظار قليلاً بعد طرح السؤال وبعدها يختار المعلم أحد الطلبة للإجابة.

2-الملاحظة:-

تعد الملاحظة أكثر المهارات أهمية:-

يجب استخدام الحواس عند جمع المعلومات بكفاءة وفاعلية عندما يلاحظون الأشياء أو الأحداث لكي يصفوها بدقة وهذا يتطلب مساعدتهم ليكونوا أكثر انتباهاً وإدراكاً للمتغيرات ليتعرفوا على الأشياء بشكل أفضل.

يمكن أن يتعلم الطلبة إن كل حاسة من حواسهم عبارة عن بوابة للملاحظة بواسطتها يلاحظون الخصائص والصفات المختلفة للإشعار، فالنظر إلى الأشياء يعطيهم الفرصة ليلاحظوا صفاتها مثل: الحجم والشكل واللون.

3-التنبؤ:-

يتم التنبؤ بما يحدث بناء على الملاحظة او الخبرة السابقة.

4-صياغة الفرضيات:-

وضع فرضيات لإعطاء تفسيرات ممكنة الحدوث واختيار صحتها بالتجربة.

تنفيذ الطريقة

1. استنباط الأفكار وتحديدها وضبطها.
2. جمع الفرضيات التي وضعها الطالب.
3. تقويم نتائج ما توصل إليها الطالب.
4. إعداد تقرير بالنتائج والتوصيات.

تفريد التعليم (التعليم الذاتي)

نظراً لوجود الفوارق الفردية بين الطلبة، وتفاوت التلاميذ في قدراتهم ولأن لكل طالب الحق في أن يتعلم وفق قدراته ومكانته ليحقق الهدف بالطريقة والقدرة الذي يناسبه كانت طريقة التعلم. فيتحمل الطالب المسؤولية، ويتفاعل تفاعلاً مباشراً مع معلمه؛ حيث تتاح له الفرصة التي تناسب ميوله وحاجاته.

حيث توضع أهداف مشتركة لجميع التلاميذ، ويعطي كل تلميذ الفرصة الكافية لإنجاز هذا الهدف المشترك بالسرعة التي تتناسب مع قدراته وبالطريقة المناسبة مستعيناً بتوجيهات المعلم وإرشاداته.

صور التعليم المفرد

1- **صحائف الأعمال:-**

تعتبر صحائف العمل من المواد التعليمية في تنظيم التعليم المفرد، يقوم المعلم بالتخطيط والتنسيق والتوجيه بينما يقوم المتعلم ببذل الجهد التعليمي بالقدر والسرعة المناسبتين ويشترك مع المعلم في التقويم واتخاذ القرارات.

تتكون صحيفة العمل من الورق العادي، يكتب على احد وجهيها ما هو مطلوب من التلميذ تحقيقه، ويثبت الهدف في أعلى الصحيفة.

أما الوجهة الآخر فتظهر عليه الإجابات الصحيحة حتى يقارن الطالب إجاباته مع الإجابة الصحيحة قبل أن ينتقل إلى صحيفة أخرى.

2- **دليل التعلم:-**

شكل من أشكال الصحائف ويحتوي على:-

أ. هدف تعلمي يراد تحقيقه.

ب. اختبار قبلي ذلك لاستظهار وتوظيف الخبرات التعليمية السابقة لدى التلميذ.

ج. نشاط تعلمي يقوم التلميذ بتنفيذه استناداً على نتائج الاختبار القبلي أما إذا أخطأ الطالب أخطاء كثيرة في الاختبار القبلي فيمكنه الحصول على تغذية راجعة لتعزيز التعلم.

د. اختبار بعدي: يوظف الطالب فيه الخبرات التعليمية التي اكتسبها من خلال ممارسته للنشاط التعلمي وبالتالي يكون قد حقق الهدف المنشود.

3- البطاقات التعليمية:-

يقوم المعلم بإعداد بطاقات تعلمية لتنظيم تعلم التلاميذ ومساعدتهم لتحقيق الأهداف التعلمية المطلوب تحقيقها ويمكن استخدامها عندما تتفاوت مستويات الطلبة التحصيلية أو إذا كان أعداد التلاميذ كبيراً وهي على أنواع:-

أ. بطاقة التعلميات: تتضمن التعليمات اللازم مراعاتها لتنفيذ مهمة تعليمية معينة لتحقيق هدف تعلمي معين.

ب. بطاقات طلاقة التفكير: تطرح مشكلة وتطلب من المتعلم مناقشة أسبابها ثم محاولة وضع الحلول المناسبة لها.

ج. بطاقات التدريب: تتضمن أسئلة وتمرينات قصيرة لتعزيز أهداف تعليمية معينة، ترتبط بمهارات سبق للتلاميذ أن تعلموها.

مزايا تفريد التعليم (التعليم المفرد):-

1. يستطيع الطالب اختيار النشاط التعليمي الذي يتناسب وقدراته وميوله.
2. يتعلم الطالب بالسرعة التي تناسب استعداداته وقدراته.
3. يحث الطلبة على تنويع مصادر التعلم، بدلاً من الإعتماد على الكتاب المدرسي فقط.
4. يشجع على التعلم ويزيده، لأن الطلبة يتعلمون من بعضهم البعض مما يزيد من خبرات الطلاب.
5. يستطيع الطالب أن يدرك مقدار تعلمه، فهو يعطي صورة واضحة عن مدى تعلم الطلبة.
6. يتحمل الطالب مسؤولية التعلم، فيزداد اعتماداً على نفسه، وثقة بها.
7. يتعود الطالب على حل المشاكل التي تواجهه.
8. يقضي على الغيرة والحسد والحقد بين الطلاب.
9. يقوي العلاقات بين المعلم وطلابه، وبين الطلاب أنفسهم.

10. لعب الأدوار

لعب الأدوار نشاط تعليمي يقوم به الطالب لتحقيق هدف تعليمي ما، فيمثل مواقف مختلفة كدور معلمه أو دور تاجر في بلدته ويتضمن دوره مشكلة تحتاج إلى حل فيحتاج الطالب إلى حسن إتقان اللغة والحركة.

ويصلح هذا النشاط في المواد التالية: التاريخ والحروب والمعارك والسير والشخصيات ويتطلب ذلك الاستقصاء وحل المشكلات.

أهداف لعب الأدوار:-

1. الكشف عن السلوك وتميز المرغوب فيه وغير المرغوب فيه.
2. يعزز الثقة بالنفس.
3. يعود الطالب على حل المشكلات التي تواجه بأسلوب صحيح.
4. يعطي المعلم فكرة واضحة عن ميول وحاجات الطلاب.

مجالات لعب الأدوار:-

1. في التشخيص والتقويم.
2. في معالجة سلوكيات الطلاب.
3. في دروس اللغة العربية والتربية الإسلامية والإجتماعيات.

عوامل نجاح المعلم:-

1. مدى فهم المعلم لهذا الأسلوب.
2. مدى اقتناع المعلم بجدوى هذا الأسلوب، وطريقة تنفيذه.
3. ممارسة المعلم لتنظيم النشاطات التعليمية.
4. مدى توافر الأدوات والمواد التعليمية اللازمة.

أسلوب التعليم المبرمج

طريقة حديثه في التدريس تعتمد على أسس علم النفس حيث يتم تقسيم الموقف التعليمي إلى مثيرات واستجابات ويتم تنظيم المادة الدراسية في كتاب خاص أو شريط مسجل أو بطاقات تعليمية.

مبادئ التعليم المبرمج[1]

1. تنظيم المادة: يتم تجزئة المادة الدراسية المقررة، ليتمكن الطالب من فهمها واستيعابها، وتنظم المادة التعليمية تنظيماً متسلسلاً ومتلاحقاً.
2. استجابة التلميذ: يلاحظ استجابة التلميذ لكل مثير أو سؤال يعرض عليه يثير اهتمامه فيبحث عن كيفية التوصل للإجابة المناسبة له.
3. معرفة التلميذ بالنتيجة مباشرة: يتبع كل مثير الإجابة الصحيحة له، والتي قد تكون عادة خلف البطاقة فالطالب يبحث عن تلك الإجابة الصحيحة، ليقارنها مع إجابته.
4. دور المعلم: المعلم ليس ناقلاً للمعلومات، ولا يعتبر دوره في هذا الأسلوب دوراً رئيساً خاصة في الغرفة الصفية، وفي أثناء عملية التعلم، بل يكون دوره موجهاً ومرشداً والدور الرئيس هو للطالب وهذا يعطي الطالب الثقة في نفسه ويصقل شخصيته.
5. التعليم عملية ذاتية: يمارس الطالب عملية التعلم من تلقاء نفسه فهو الذي يتلقى المثيرات وهو الذي يبحث عن الإجابات معتمداً في ذلك على نفسه وبذلك تتم عملية التعلم ذاتية.

6. وضوح الهدف: لا شك أن الهدف من المثير أن يكون واضحاً لدى الطالب فهو يتعرف عليه لدى ملاحظته للمثير او حين يحثه على الإجابة الصحيحة.

شروط نجاح الأسلوب

1. وضوح الهدف: الهدف هو تغيير في سلوك الفرد فإذا كان الهدف واضحاً مسبقاً فإن النتائج تكون مضمونة وهذا يتوقف على درجة الإعداد والتحضير لهذا الأسلوب.
2. مدى معرفة المعلم بطلابه: المعلم الذي يعرف مستوى طلابه، وقدراتهم، وحاجاتهم، وميولهم لهو قادر على إعداد وتخطيط للموقف التعليمي المناسب عندها تكون استجابات الطلبة إيجابياً ومستوى أدائهم فاعلاً، ولا بأس من تجربة هذا الأسلوب على عينه من طلبته فيلاحظ استجاباتهم ومستوى أدائهم فإذا ما وجد ما يتطلب تعديلاً، في جزئياته راجعه قبل عرضه على الطلبة.
3. تجزئة المادة في الموقف التعليمي إلى مجموعة من المثيرات: أن تقسيم المادة الدراسية، يساعد الطلاب على النجاح، ويزيل عنه الخوف والقلق من المنهاج الكبير، ويذهب عنه مرارة الفشل.
4. يكرر المعلم بعض المثيرات بين الخطوة والأخرى بهدف مراجعة بعض ما تعلمه.

مشكلات التعليم المبرمج

1. النظام التعليمي: النظام التعليمي المعمول به، يقسم الطلاب في صفوف دون النظر إلى الفروق الفردية بينهم، فهم يدرسون منهاجاً واحداً ويتقدمون لاختبار واحد وينتقلون إلى صف آخر معاً، بينما التعليم المبرمج نوع من أنواع التعلم الفردي الذي يتيح التعليم للجميع، كل حسب قدراته، وإمكاناته، ولكن يمكن الأخذ بهذا النوع من التعليم كأسلوب تعليم ضمن النظام التعليمي.
2. المادة الدراسية: ما زالت قدرة الطلاب، على استظهار المادة الدراسية وحفظ حقائقها ومبادئها ونظرياتها، هي المعيار للنجاح والرسوب، لذا كان من الضروري أن يطور المعلم برنامجه للتعليم المبرمج بحيث يوجه الطلبة، إلى مصادر المعرفة، وكيفية الحصول عليها.

مزايا التعليم المبرمج

1. يضع الطالب في برنامج تعليمي، يسير فيه حسب قدراته وميوله.
2. يحقق الطالب الأهداف المرجوة من البرنامج الدراسي، بعيداً عن وجود المعلم.
3. بإمكان الطالب أن يتعلم في المدرسية فلم يعد حضوره إلى المدرسة ضرورياً للتعلم وبالتالي فالطالب المريض، لا يشكل المرض حائلاً بينه وبين التعلم.

أسلوب التكامل والترابط

المقدمة:-

إن الإنسان ينظر إلى كل ما يحيط به نظرة تكاملية، ويتعامل معه ويتفاعل معه بنفس النظرة، لأن الإدراك الإنساني كلٌ متكامل ومترابط، وإن المعارف الإنسانية متكاملة أيضاً ومترابطة، وتقديم هذه المعارف بصورة تكاملية ليرى خبرات الطلاب ويلبي ميولهم وحاجاتهم ويكثف تعلمهم، مما يزيد في تشوقهم للحصول على المعرفة ويجذبهم لتعلمها، فيزداد التفاعل الصفي، ويحببهم بالمادة الدراسية، فلا ملل ولا سأم، ولا ضجر، ولا تكرار للمعلومات، فالخبرة الجديدة أساسها الخبرة السابقة، والخبرة السابقة مترابطة بالخبرة اللاحقة، فلا تعارض ولكن تنسيق وانسجام وتكامل وترابط فالخبرة الواحدة توظف في مواقف تعليمية عدة، مما يوفر على التلاميذ الوقت والجهد معاً.

مجالات استخدام التكامل والترابط:-

1- معلم الصف:

على معلم الصف أن يطلع على المنهاج، الذي سيقوم بتدريسه، فيدرسه ويحلله إلى مفاهيم وحقائق ومبادئ عم يقوم بتجميع تلك المفاهيم، والمبادئ والحقائق حسب تلاقيها وانسجامها مع بعضها البعض، فيرتبها ترتيباً منسقاً على شكل وحدات دراسية حسب تحقيق الأهداف التربوية، واضعاً في اعتباره توحيد الأسلوب التدريسي والوسائل التعليمية، التي يستخدمها والأنشطة التي

سيستخدمها ويدمجها في خطة دراسية فصلية أو سنوية، بحيث تقدم جوانب المعرفة بشكل متكامل ومترابط.

معلم المادة ذات الفروع المتعددة مثل:-

معلم اللغة العربية، معلم اللغة الإنجليزية، معلم العلوم، معلم الإجتماعيات.

فمعلم اللغة العربية الذي سيتناول تدريس هذه المادة عليه أن ينظر إليها باعتبارها كلٌ متكامل مترابط على الرغم من وجود مسميات عدة لكتب هذه الفروع فعند تدريسه لفرع المطالعة عليه أن يناقش طلبته في معاني المفردات وان يسألهم عن مواقع الإعراب ويصغي جيداً إلى حسن تعبيرهم أثناء مناقشة لهم في محتوى النص المقدم له وكذلك ملاحظة السياق اللغوي وإخراج الصور الأدبية الواردة فيه، رابطاً والحالة هذه بين الخبرات السابقة التي تعلموها بالخبرة الجديدة التي هم مقبلون عليها فلا تكون حصة المطالعة تقتصر فقط على القراءة السليمة، وإنما يشعر الطالب في الحصة الواحدة أنه يدرس قواعد اللغة العربية والتطبيقات اللغوية والتعبير إضافة إلى المطالعة وبذلك تتكامل المعرفة لدى الطالب وتتجذر، ويشعر الطالب بالمتعة بالتعليم والرغبة فيه، ولا يشعر بكثرة الكتب المقررة طالما أنها اجتمعت في كتاب واحد، وتلاقت مفاهيمها عند ناحية واحدة، وبهذا يكون قد قدم المعرفة والمهارة وفق منحاها الترابطي الذي يتفق تماماً مع وحدة الإدراك الإنساني وتكامله، وكذلك معلم العلوم الذي قد يتفرع منهاج مادته إلى الفيزياء، والأحياء، والكيمياء، وعلوم الأرض، والجيولوجيا، والزراعة وغيرها، ومعلم الإجتماعيات الذي يتفرع منهاج مادته إلى التاريخ، والجغرافيا، والتربية الوطنية، المجتمع.

شروط الأسلوب التكاملي:-

حتى يكون الأسلوب فاعلاً، ويصل المعلم والطالب إلى تحقيق الهدف من استخدامه على المعلم مراعاة ما يلي:-

أن يكون واقعياً ومرتبطاً بالحياة والأحداث، والظواهر التي يواجهها الطلبة، فعند دراسة مفهوم معين، على المعلم أن يربط بين هذا المفهوم وظاهرة معينة يعيشها الطالب ويلاحظها مثل ربط مفهوم التبخر والحرارة يتكون قطرات من الماء على زجاج النوافذ وهذا ينمي لديهم التفكير الإبداعي، فيجعل الطلبة يتبصرون الظاهرة بدقة.

أهداف أسلوب التكامل والترابط:-

1. إلغاء الفواصل بين الموضوعات التي قد ترد مرة، في منهاج التربية الإسلامية مرة ويرد في منهاج الاجتماعيات مرة أخرى، وتقديم المعرفة بشكل متكامل ومترابط.
2. توظيف الخبرة في عدة مواقف تعليمية.
3. مزج المجالات المعرفية والمهارية والعاطفية معاً، دون التعمد أو القصد إلى فصلها.
4. تحفيز المعلم على تطوير نفسه، والتوسع خارج نطاق تخصصه.
5. التخلص من كثير من التكرار في الموضوعات المتلاقية توفيراً للوقت والجهد.

6. تنمية روح التقدير، لدى الطلبة للنشاطات المختلفة وتوجيههم لإختبار المهن التي يرغبونها ضمن حاجات المجتمع.

7. توظيف المعرفة التي يتعلمها الطالب في المدرسة وخارجها مما يجعله قادراً على مواجهة المشكلات، وحلها، ومنسجماً مع المجتمع الذي يعيش فيه، متكيفاً معه.

مزايا أسلوب التكامل والترابط:-

1. تيسير استظهار المعلومات والخبرات لدى الطالب بيسر وسهولة مما يساعد على الاعتماد عليها، في استقبال المعلومات الجديدة فتكون عنده الخبرة تراكمية.

2. تسهل على الطالب الفهم الجيد للتعلم الجديد ويكون منسجماً مع قدراته العقلية.

3. تنمي عند الطالب، عملية البحث والتحري والاستقصاء عن المعلومات.

4. استغلال الوقت استغلالاً نافعاً.

5. إثارة الدافعية لدى الطلاب، لتلقي المعلومات الجديدة ويزيد انتباههم مما ينمي خبراتهم.

التعليم بواسطة الحاسوب

المقدمة:-

نظراً لأهمية الوسائل التعليمية في العملية التربوية، ونظراً لأثرها البالغ على الموقف التعليمي، فإن علماء التربية لا يألون جهداً في البحث عن وسائل تعليمية جديدة وتقنيات حديثة، يمكن استخدامها واستغلالها في المواقف التعليمية، وتؤثر إيجابياً عليه ولا يوجد لها أضرار معينة نتيجة هذا الاستخدام، بل تكون بمثابة الحافز النشط للطلبة ليقبلوا على التعليم بنشاط وحيوية.

إن توفر البيئة الصفية الصالحة لإجراء العملية التربوية لهو شغل علماء التربية الشاغل ومع ظهور الحاسوب تقنية جديدة، أحدثت ثورة عارمة في عمليتي التعلم والتعليم، ومن أجل مواكبة هذا التطور العلمي والتكنولوجي ولتحسين نوعية التعليم وحصول التفاعل الإيجابي بين الثقافات العالمية، ومن أجل رفع نتاجات التعليم وتحقيق المواءمة مع سوق العمل، لذا ومن أجل هذا كله كان لزاماً علينا إدخال هذه التقنية في العملية التربوية أولاً كوسيلة تعليمية لا غنى عنها وكأسلوب تعليمي فاعل ثانياً.

إن حوسبة التعليم تتطلب وضع خطة محكمة بحيث يتسنى للطالب أن يتقن الأدوار التالية:-

1. التعرف على الحاسوب ومعرفة أجزائه ومكوناته وأهمية كل منها.
2. تمكين الطالب من إدخال المعلومات والبيانات وقراءتها.

أهمية استخدام الحاسوب في التعليم:-

1. إن استخدام الحاسوب في العملية التربوية كطريقة تدريسية يعمل على تحسين العملية التربوية، فهو يراعي الفروق الفردية بين الطلاب، فالطالب يتعلم بما يتلاءم مع حاجاته وقدراته.

2. التعلم بالحاسوب نوع من التعلم المفرد "التعلم الذاتي" حيث أن الطالب يتعرض للمثيرات التعليمية ويبحث بنفسه عن الإجابات عنها وحلولها وبذلك يقوى ثقة الطالب بنفسه ويعتمد عليها، فيتعرف على مواطن القوة فيعززها، ويتعرف على موطن الضعف لديه فيتلافاها.

3. التعلم بالحاسوب يحل بعض المشاكل التي يتعرض لها الطلبة كمشكلة المرض فيتعلم الطالب في البيت، وكذلك لا يكون تأثير سلبي على من تعذر عليه حضور موقف تعليمي معين.

4. التعلم بالحاسوب يعد الطالب لأن يكون فرداً عاملاً في المجتمع فيقدمه إلى السوق المحلي وقد تسلح بسلاح المعلوماتية خاصة لم يعد الأمي هو من لا يعرف القراءة والكتابة، وإنما أصبح الأمي هو الذي لا يحسن استخدام هذه التقنية.

5. التعلم بالحاسوب يخفف العبء عن كاهل المعلم فلا يعد دوره الدور الرئيس في العملية التربوية وإنما ينحصر دوره في التوجيه والإرشاد، كذلك يتحول دور الطالب من دور المتلقي في بعض طرائق التدريس إلى الدور الرئيس والفاعل بوساطة التعليم بالحاسوب.

6. يتطلب استخدام الحاسوب في التعليم إعادة النظر في المناهج المدرسية وطرائق تدريسها والأساليب المتبعة في ذلك والوسائل والأنشطة المساعدة بما يتلاءم ويتناسب مع التعلم بالحاسوب.

حوسبة التعليم

إن الحاسوب علم يهم جميع شرائح الناس على اختلاف أعمالهم ومواقعهم، فالتاجر يحتاج الحاسوب كما يحتاجه الموظف، والحاسوب يستخدم من قبل الصغير والكبير، كل على حسب قدراته ومهاراته واحتياجاته وحتى نرتقي بالمجتمع ونصل إلى مجتمع قادر على استخدام الحاسوب بجميع أطيافه، علينا أن نعمل جاهدين على حوسبة التعليم في مدارسنا، وهذه العملية تتطلب منا القيام بما يلي:-

أولاً: تزويد المدارس بكافة مستوياتها بمختبرات حاسوبية تتيح لأكبر عدد ممكن من الطلبة من استخدامها وان تتعدد هذه المختبرات حتى تستوعب الطلبة جميعاً ونحن نتطلع لذلك اليوم الذي يتسنى أن يكون لكل طالب جهاز حاسوب خاصٍ به بدلاً من حقيبة الكتب والدفاتر واللوازم الأخرى.

ثانياً: تدريب الكوادر الفنية من المعلمين على استخدام الحاسوب وهذا ما تقوم به وزارة التربية والتعليم حالياً من تدريب المعلمين على قيادة الحاسوب وهو ما أطلق عليه " ICDL " وقد وضعت الحوافز المادية لتشجيع المعلمين على الانخراط بهذه الدورة التدريبية والتخرج منها بنجاح.

إيجابيات حوسبة التعليم

1. إن حوسبة التعليم تفتح آفاقاً واسعة من المعرفة لدى الطالب فالكتاب لم يعد المصدر الوحيد للمعلومات فمصادر المعرفة متنوعة والطالب قادر على الإنفتاح على العالم مما جعله أمام رصيد ضخم من المعلومات والمعرفة الإنسانية، فصار بإمكان الطالب الدخول إلى مواقع تعليمية عبر شبكة حاسوبية محلية أو من خلال شبكة الإنترنت.

2. يستخدم الحاسوب كوسيلة تعليمية يتلقى الطالب من خلاله شروحاً حول التجارب العلمية، ويطلع على رسومات توضيحية حول المادة الدراسية.

3. استخدام الحاسوب في التعليم يجعل عملية التعلم عملية شيقة للطالب يجد فيها متعة، فيقبل على التعليم برغبة ودافعية فيزداد انتباه الطلبة للتعليم.

الوحدة السابعة

التقويم

الوحدة السابعة

التقويم

- المقدمة
- أغراض التقويم
- وسائل التقويم
- الاختبارات الشفوية
- الاختبارات التحريرية
- اختبارات المقال
- الاختيارات الموضوعية
- أنواع الأسئلة الموضوعية: الاختيار من بديلين الاختيار من متعدد المطابقة التكميل
- أهداف الاختبار
- صفات الاختبار الجيد
- خطوات إعداد اختيار تحصيلي
- إعداد جدول المواصفات

التقويم

المقدمة:-

يمثل التقويم وسيلة للحكم على فاعلية العملية التعليمية، وللتعرف على مدى ما تحقق من أهداف ثم تقديم مقترحات للتحسين والتطوير، والتقويم شرط لازم لتحديد مستوى المتعلمين، ويساعد الآباء والمعلمين في توجيه الأبناء دراسياً ومهنياً، كما يعكس مدى سلامة بناء المناهج وتنفيذها وتطويرها، ويعتمد التقويم على جمع البيانات بأساليب متعددة.

أغراض التقويم:-

1- تعديل الخطط الدراسية والبرامج التدريسية.

2- تصنيف الطلبة حسب التخصصات علمي، أدبي، تجاري، زراعي.....

3- قبول الطلبة في الجامعات أو المؤسسات.

4- الكشف عن مهارات وقدرات الطلبة من أجل إلحاقهم بمهن معينة.

5- فرز المعاقين عقلياً.

6- توجيه الطلبة تربوياً ومهنياً واختيار النشاط الذي يناسب الطلبة تبعاً لقدراتهم وميولهم، واستعداداتهم.

7- رصد العلامات وإصدار شهادات الكفاءة والتحصيل العلمي.

8- الإثارة الدافعية.

9- لأغراض التعلم.

وسائل التقويم:-

1. الملاحظة: تستخدم لمراقبة الخطوات التي يتبعها الطالب عند إجراء تجربة عملية، أو تقسيم نموذج أو ملاحظة حركات الطالب في لعبة رياضية:-

1. الإختبارات وتقسم إلى نوعين:-

أ-الإختبارات الشفوية: وتشمل قراءة الطالب لسورة من سور القرآن الكريم للوقوف على مدى إتقانه لأحكم التجويد أو قراءة الطالب لقصيدة شعرية لمعرفة مدى تمثيل المعنى وإخراج الحروف من مخارجها أو قراءة نص نثري أو الإجابة على أسئلة مقدمة من المعلم.

ب- الإختبارات التحريرية: وهي تلك التي يحتاج الكاتب للإجابة عن أسئلة تقدم له من قبل المعلم وتكتب هذه الإجابات على ورقة.

وتقسم الإختبارات التحريرية حسب شكل الإختبار إلى نوعين:-

الأول- اختبارات المقال:

وهي أسئلة تتطلب من الطالب إتقان اللغة، وحسن التعبير والتوضيح والمنطق والقدرة على المقارنة والشرح والتعليل والتنظيم.

ميزتها:

1- سهولة الإعداد.
2- يقيس القدرات المعرفية.
3- يقيس القدرة التعبيرية.

عيوب أسئلة المقال:-

1- يصعب على المعلم تقدير درجة الطالب تقديراً مضبوطاً خاصة في مواضيع الإنشاء.
2- وقد تختلف هذه الدرجة من معلم لآخر، أو حتى المعلم نفسه إذا أعيد له الموضوع بعد مدة فقد تختلف الدرجة اللاحقة عن الدرجة السابقة لنفس الموضوع ومن نفس المعلم وذلك تبعاً للحالة النفسية للمعلم.
3- وان امتحان المقال قد لا يتناول جميع وحدات المادة ربما لكثرتها أو لطول الإجابات وضيق الزمن.

4- وإن هذه الأسئلة تختلف من معلم لآخر فقد يركز معلم على وحدة ما يراها الأهم بينما لا تكون هذه الوحدة كذلك لدى معلم أخرى.

5- هذا النوع من الإختبارات لا تمثل عدالة لأنها لا تشمل المادة بالتساوي أو حسب أهميتها فقد تتركز معظم العلامات على وحدات معينة مثلاً لا يكون الطالب قد نظر إليها بنفس المنظار.

6- تحتاج إلى وقت طويل في إعدادها.

7- تتأثر علامة الطالب بالتورية.

ومن أمثلتها:

1- ما هي نتائج غزوة أُحد الكبرى؟

2- اشرح عملية تكون السحب والأمطار؟

3- ما العوامل التي أدت إلى انتصار صلاح الدين الأيوبي على الإفرنج؟

4- ما رأيك في موقف عمر بن الخطاب في حرب المرتدين؟

الثاني: الإمتحانات الموضوعية:-

إن هذه الإختبارات قصيرة الصياغة وعددها كبير، تتطلب أسئلتها جواباً واحداً صحيحاً، فإذا تمكن الطالب من معرفته يحصل على الدرجة المقررة للسؤال وإذا جهله يخسر الدرجة.

ميزاتها:

1- سهلة التصحيح.

2- إنها لا تتأثر بذاتية المصحح.

3- توفر تغطية جيدة للمادة الدراسية.

4- يقل فيها أثر التورية أي محاولة الطلب اللف والدوران حول الإجابة.

5- إن المطلوب من السؤال محدد وواضح ولا يحتاج الطالب لأن يستفسر عنه من المعلم.

عيوبها:-

1- قد يحصل الطالب على علامات عن طريق التخمين.

2- لا يستطيع الطالب أن يعبر من خلالها بلغته الخاصة.

3- يحتاج إعدادها إلى فترة زمنية طويلة.

4- تحتاج إلى مهارة وخبرة في صياغتها.

أنواع الأسئلة الموضوعية:-[1]

1- **الإختيار من بديلين:** تكون الفقرة الواحدة جملة خبرية ويطلب من الطالب أن يجيب عنها بالصواب إن كانت صحيحة، والخطأ إذا كانت خاطئة.

مثال(1) : ضع إشارة ( ) إن كانت العبارة صحيحة وإشارة ( ) إن كانت العبارة خاطئة.

( ) 1- الأردن بلد مستورد للبترول.

( ) 2- يمتاز الأردن بتصدير كميات كبيرة من الفوسفات.

( ) 3- الأردن بلد يطل على البحر الأبيض المتوسط.

( ) 4- الأردن دولة يعتمد اقتصادها على الزراعة.

مثال (2) صل بين التابع في العمود الأول والمفهوم الذي يناسبه في العمود الثاني

العطف	تابع يبتع متبوعة في عدده وجنسه وتعريفه وعلامة إعرابه
النعت	تابع يتبع متبوعة في إعرابه ومعناه
التوكيد	تابع يتبع متبوعة في إعرابه
البدل	تابع يكرر متبوعة لفظاً أو معنى

[1] أحمد عودة – القياس والتقويم.

2- **الإختيار من متعدد:** تتكون فقرة الإختيار من النص ويتبعه ثلاثة بدائل أو أكثر حيث يكون واحد منها صحيحاً وباقي البدائل مموهات.

مثال(1) : أقرأ الفقرة ثم ضع دائرة حول رمز الإجابة الصحيحة:-

1- الصلاة والزكاة ركنان من أركان الإسلام أفادت الواو:

أ- الترتيب والتعقيب ب-الترتيب مع المهلة ج- التعيين د- الجمع المطلق

2- الرياضة البدنية تقوي الجسم النعوت هو:

أ-الرياضة ب- البدنية ج- تقوي د- الجسم

3- لسان العرب معجم بل موسوعة أفاد الحرف بل

أ- التعيين ب- الإضراب ج- الشك د- التخيير

ب-وقد يكون السؤال على شكل جملة مفتوحة تكتمل بالإجابة الصحيحة.

مثال (2) إعراب كلمة كل في الجملة التالية:-

كل فتاة بأبيها معجبة هو ....

أ- مبتدأ مرفوع.

ب- توكيد معنوي مرفوع.

ج- توكيد لفظي مرفوع.

د-خبر مرفوع.

3- **المطابقة (المزاوجة):-**

أ- تتكون الفقرة الواحدة من قائمتين تتضمن القائمة الأولى مجموعة من العناصر تسمى المقدمات بينما تتضمن القائمة الثانية مجموعة أخرى من العناصر تسمى الإجابات.

مثال: اكتب رقم الدولة في الفراغ المحدد أمام اسم العاصمة.

	العاصمة	الدولة
( )	عمان	1- جمهورية مصر العربية
( )	بيروت	2- الجمهورية العراقية
( )	القدس	3- المملكة الأردنية الهاشمية
( )	بغداد	الجمهورية اللبنانية
( )	القاهرة	- فلسطين

ب- تتكون الفقرة الواحدة من قائمتين تتضمن القائمة الأولى مجموعة من العناصر ذات خصائص مشتركة وفي العمود الثاني الفئات التي يمكن أن تصنف ضمنها.

مثال: يبين العمود الأول الإقليم الذي تقع فيه الدولة العربية بينما يبين العمود الثاني أسماء لبعض الدول العربية والمطلوب كتابة الحرف الدال على الفئة في الفراغ الذي يسبق اسم الدولة.

الفئـــــة		
أ- الجناح العربي الآسيوي	( )	جمهورية مصر العربية
ب- الجناح العربية الإفريقي	( )	المملكة المغربية
	( )	المملكة الأردنية الهاشمية
	( )	مملكة البحرين
	( )	الجمهورية العربية السورية
	( )	جمهورية تونس

4- **أسئلة التكميل:-**

تتكون من جملة خبرية غير مكتملة المعنى ويطلب من الطالب ان يكملها بوضع الكلمة المناسبة، أو شبه جملة، أو رمز أو رقم.

مثال:

أ- التعريف: "العلم بالأحكام الشرعية العملية والمكتسبة أو المستنبطة من أدلتها التفصيلية).

لمفهوم: ....

ب- ما المعنى الاصطلاحي لمفهوم الفقه؟

المعنى الاصطلاحي لمفهوم الفقه هو ....

5- **أسئلة لإجابة القصيرة:**

تظهر صيغته بشكل سؤال.

مثال: عرف مفهوم الفقه؟

عيوب هذا النوع من التقويم:-

1- تشجع هذا النوع من التقويم.

2- تركز على الحقائق والاستظهار.

3- يلجأ الطالب إلى التخمين في الإجابة.

4- يتأثر بالذاتية عند التصحيح.

أهداف الاختبار

1- الكشف عن استعداد التلاميذ لتعلم موضوع معين، مما يساعد على إثارة الدافعية للتعلم.

2- تنمية حاجات وميول واستعدادات الطلبة، وتوجيههم توجيهاً مهنياً.

3- الكشف عن الفروق الفردية وحصر الإمكانات والمهارات العقلية والوجدانية.

4- بيان نواحي الضعف والقوة في قدرات الأفراد وتزويدهم بمدى التقديم الذي أحرزوه في تحقيق الهدف.

5- رفع مستوى العملية التعليمية وتطويرها.

6- تطوير المناهج الدراسية، والأهداف التربوية.

7- إعطاء صورة دقيقة عن وضع الطلبة للأولياء أمورهم.

8- العـــلاج.

صفات الاختبار الجيد

1- الموضوعية: أن لا يتأثر العوامل الذاتية للمصحح مثل العاطفة والحالة النفسية.

2- الصدق: إن الاختبار يقيس الصفة"السمة" التي وضع لأجل قياسها.

3- الثبات: الدقة لو أعيد هذا الاختبار مرة أخرى وفي ظروف مشابهة يعطينا نفس النتيجة.

4- سهولة التطبيق: أن يكون الاختبار سهلاً في إعداده، سهلاً في تنفيذه وتطبيقه سهلاً في جمعه وتصحيحه.

خطوات إعداد اختبار تحصيلي

1- تحديد الغرض من الاختبار هل الغرض من الاختبار قياس التحصيل؟ أم الميول؟ أم أن الاختبار هو اختبار تشخيصي؟

2- تحليل المحتوى وما فيه من مصطلحات ومفاهيم وحقائق.

3- وبالتالي إعداد جدول المواصفات.

4- صياغة الفقرات (بنود، أو أسئلة الاختبار).

5- إخراج الصورة الأولية لكراسة الاختبار(ورقة الأسئلة، ورقة الإجابة، التعليمات، الملاحق)ووضع الفترة الزمنية اللازمة، وتجميع أوراق الاختبار في كل نسخة إذا كان الاختبار مؤلفاً من عدة أوراق.

6- التهيئة: تشمل توزيع الطلاب في القاعات، وتوزيع الأسئلة، وان يتولى المعلم نفسه الإشراف على إجراء الامتحان وجمع الأوراق والتأكد من عددها.

7- تصحيح إجابات الطلبة: يقوم المعلم بتصحيح الإجابات وتختلف طريقة التصحيح باختلاف نوع الأسئلة وطريقة الإجابة عنها، فان كانت الأسئلة موضوعية من نوع الاختيار من متعدد واستخدام المعلم المفتاح المثقف كان زمن التصحيح قصيراً، أما إذا كانت الأسئلة من نوع المقال فعلى المعلم أن يعد مفتاح تصحيح(إجابة نموذجية) ويجب أن لا ينسى المعلم التعزيز أثناء التصحيح لما له من اثر كبير في عملية التقويم ومن وسائل التعزيز كتابة كلمات مثل أحسنت، ممتاز، أشكرك، أو أن يضع المعلم إشارات مثل نجمة أو... وقد يقوم المعلم بتحديد موقع لكتابة الإجابة الصحيحة ومن ثم رصد العلامات والنتائج.

8- تحليل النتائج: يقوم المعلم بتحليل النتائج وللمعلم أسلوبان في التحليل إما أن يتم تحليل كل فقرة من فقرات الاختبار أو أن يكون التحليل إجمالي وتأتي أهمية تحليل الاختبار من أجل التغذية الراجعة.

كيفية إعداد جدول المواصفات

حتى يكون الاختبار يمثل المحتوى تمثيلاً صحيحاً، وحتى يبتعد المعلم عن الارتجالية أو العشوائية في وضع الاختبار فقد يعمد المعلم إلى كتابة أسئلة الاختبار قبل دخوله الغرفة الصفية بدقائق، وقد يفاجأ المعلم بأن يخبره طلبته أن الحصة هي اختبار فيرتجل ممسكاً الطبشورة ويكتب بعض الأسئلة بغض النظر هل هذه الأسئلة تمثل المحتوى المقرر أم لا؟ وحتى يتخلص المعلم من ذلك كله عليه إتباع ما يلي:-

1-الاطلاع على المحتوى وتقسيم الموضوعات الرئيسية إلى موضوعات فرعية وبحسب هذه المسميات يكون عدد الأسئلة.

2-تحديد مجالات الأهداف(المعرفية، الانفعالية، النفسحركية) وبالتالي تحديد مستوى كل منها.

3-تحديد وزن أو أهمية كل موضوع من الموضوعات وتحديد الوزن يعتمد على الزمن الذي استغرقه المعلم في تدريس الموضوع أو أهمية الموضوع العملية أو ارتباطه بحاجات المتعلم، أو عدد صفحات الموضوع في الكتاب المقرر.

4-تحديد وزن أو أهمية كل مجال أو المستوى في المجال ووضع نسبة مئوية لهذا الهدف بالنسبة لباقي الأهداف.

5-تحديد طول الاختبار أو عدد فقراته.

جدول المواصفات

يمثل الجدول التالي مواصفات لمادة التربية الإسلامية للصف العاشر الأساسي حيث كان الاختبار من نوع الاختبار من متعدد وتكونت فقراته من 50فقرة.

الأهداف / المحتوى	معرفة25%	استيعاب25%	تطبيق %40	مستويات عليا تحليل وتركب تقويم	المجموع
القران الكريم وعلومه 24%	3	3	5	1	12
الأحاديث الشريفة 36%	4	4	7	2	18
العقيدة 8%	1	1	1	1	4
السيرة 24%	3	3	5	1	12
الأخلاق 8%	1	1	2	1	4
المجموع	%100	12	12	6	50

يوضح في الخانة الواحدة اقرب عدد صحيح

—

عدد أسئلة القران الكريم $\dfrac{24 \times 50}{100} = 12$ سؤالاً

تقسم هذه الأسئلة حسب الأهداف:-

$\dfrac{25 \times 12}{100} = 3$ أسئلة معرفة.

$\dfrac{25 \times 12}{100} = 3$ أسئلة استيعاب.

$\dfrac{40 \times 12}{100} = 4.8$ سؤال تطبيق وضع5 أسئلة.

$\dfrac{10 \times 12}{100} = 1.2$ سؤالاً مستويات عليا وضع سؤالاً واحداً.

المراجع والمصادر

أولاً- رسائل وأبحاث غير منشورة:-

1- أبو الحسن-د.عمر-محاضرات في مادة أصول التربية الإسلامية-جامعة الجزيرة-السودان.

ثانياً-المراجع العربية:-

1- الخطيب – احمد - بعض الغايات التعليمية الأساسية للمعلم العربي وانعكاساتها على المواد التعليمية المطبوعة لأغراض أعداد المعلمين- معهد التربية- اونوروا-اليونسكو.

2- الركابي- د.جودت- طرائق تدريس اللغة العربية-دار الفكر طبعة ثانية-دمشق-1980.

3- الكلوب- بشير عبد الرحيم وزميله- الوسائل التعليمية إعدادها وطرق استعمالها-دار العلم للملايين-ط2-بيروت-1977.

4- اللقاني - أحمد حسين وعودة عبد الجواد أبو سنينة، التعليم والتعليم الصفي-ط1- دار الثقافة-عمان-1990.

5- القاني – د.أحمد حسين وزميله-في أساليب تدريس الدراسات الاجتماعية-مكتبة دار الطفل-عمان-1990.

6- الناشف - عبد الملك-الدور المتغير للمعلم وانعكاساته على التعليم-معهد الاونوروا-يونسكو-عمان-1980.

7- الوقفي - راضي وزملاؤه - التخطيط الدراسي- ط2-عمان-1979.

8- جرادات - د.عزت وزملاؤه، التدريس الفعال-المكتبة التربوية المعاصرة-ط2-1984.

9- حمدان - محمد زياد-تعديل السلوك الصفي-مؤسسة الرسالة-ط1-بيروت-1982.

10- حمدان – محمد زياد-المرجع السابق.

11- دافيد كرام - ترجمة د.حسين سليمان فوده، التعليم المبرمج بالتعليم المبرمج، الطبعة الثانية-دار المعارف بمصر-1975.

12- د.عبد الله الرشدان ونعيم جعنيني-المدخل إلى التربية والتعليم-الطبعة الثانية- دار الشروق-عمان-1999.

13- شقشق والناشف - د. محمود عبد الرزاق وزميلته - إدارة الصف المدرسي- دار الفكر العربي-القاهرة.

14- عباس – احمد - برنامج مقترح لتدريس العلوم في المرحلة الإلزامية-رسالة دكتوراه-القاهرة-1982.

15- عباس رشيد - مبادئ التعليم الصفي-دار القاسم للنشر والتوزيع-ط1-عمان-1992.

16- عبد الله عبد النبي موسى - المدرسة العربية الإسلامية رسالة المعلم- العدد الثاني-السنة21-حزيران-1978.

17- عبد المجيد - د.عبد العزيز وزميله-التربية وطرق التدريس الجزء الأول-دار المعارف بمصر-ط12.

18- عبيدات - محمد سليمان احمد- في أساليب التدريس-عمان 1991.

19- عدس - محمد عبد الرحمن-الإدارة الصفية والمدرسة المنفردة-دار مجدلاوي- ط1-عمان-1990.

20- قطامي - د.يوسف-تفكير الأطفال، تطوره وطرق تعليمه الأهلية للنشر والتوزيع-ط1-عمان-1998.

21- عودة - احمد-القياسي والتقويم في العملية التدريسية-دار الأمل-الإصدار الثاني-عمان-1998.

22- نشواتي - عبد الحميد-علم النفس التربوي-دار الفرقان-ط2-عمان-1985.

23- مديرية الصحة المدرسية-قسم الإرشاد التربوي والصحة النفسية-دليل تعليمات الانضباط المدرسي-عمان-1988.

24- هندي - صالح ذياب - دراسات في المناهج والأساليب العامة - ط3 -عمان-1984.

ثالثاً-المراجع الأجنبية:-

25- Jacobson - D. Eggeng' P. And Kauchak , D. 1993 Methods Of Teaching .A.Skills Approach 4th Edition NewYor.

26- Sward:, G. Wesley. Amodle For The Preparation Of Elementary School Teachers Washing Ton, A. Government Printing Office. 1968.P.P.40. 55

27- William L. Ruther Ford. An Analysis Of Teacher Effectiveness Ready Mehtods And Teacher Improvement , 1971 . Pp. (124-132)

Printed in the United States
By Bookmasters